普通高等教育"十一五"国家级规划教材
全国高等学校体育教学指导委员会审定
高等学校教材

健　美　操
Jian　Mei　Cao
第二版

张瑞林　总主编
崔云霞　主编

高等教育出版社·北京

图书在版编目(CIP)数据

健美操/张瑞林总主编. －－2版. －－北京:高等教育出版社,2010.3 (2024.12重印)

ISBN 978-7-04-028435-5

Ⅰ.①健… Ⅱ.①张… Ⅲ.①健美操-高等学校-教材 Ⅳ.①G831.3

中国版本图书馆CIP数据核字(2009)第243548号

| 策划编辑 | 范 峰 | 责任编辑 | 王 玲 | 封面设计 | 王凌波 | 版式设计 | 范晓红 |
| 责任校对 | 杨凤玲 | 责任印制 | 高 峰 |

出版发行	高等教育出版社	网 址	http://www.hep.edu.cn
社 址	北京市西城区德外大街4号		http://www.hep.com.cn
邮政编码	100120	网上订购	http://www.landraco.com
印 刷	北京市艺辉印刷有限公司		http://www.landraco.com.cn
开 本	787mm×960mm 1/16		
印 张	10.25	版 次	2005年9月第1版
字 数	180千字		2010年3月第2版
购书热线	010-58581118	印 次	2024年12月第12次印刷
咨询电话	400-810-0598	定 价	22.50元

本书如有缺页、倒页、脱页等质量问题,请到所购图书销售部门联系调换
版权所有 侵权必究
物 料 号 28435-00

编审委员会

主　　审：林志超

审　　委：邹继豪　李重申　王志苏　任景岩
　　　　　齐荣尊　吴子樱　郑厚成　武孝贤

总 主 编：张瑞林

主　　编：崔云霞

副 主 编：郑立红　尚宁宁　谢静月　张　鹏

编写人员（按姓氏笔画排序）：
　　　　　冯唯锐（南京信息工程大学）
　　　　　李　月（长安大学）
　　　　　吴亚娟（长安大学）
　　　　　张瑞林（山东大学）
　　　　　张　鹏（长安大学）
　　　　　尚宁宁（河北科技师范学院）
　　　　　郑立红（武汉工程大学）
　　　　　姜静静（山东大学）
　　　　　高卫民（山东大学）
　　　　　袁　丽（长安大学）
　　　　　崔云霞（山东师范大学）
　　　　　谢静月（扬州大学）

前言

　　近些年的体质健康监测表明,我国青少年学生的耐力、力量、速度等体能指标持续下降,视力不良率居高不下,城市超重和肥胖青少年的比例明显增加。青少年的体质健康问题引起了全社会的广泛关注,也引起了党和政府的高度重视。为此,2006年12月23日,教育部、国家体育总局和共青团中央联合召开了新中国成立以来的第一次"全国学校体育工作会议";2007年4月29日,教育部、国家体育总局、共青团中央正式启动了"全国亿万青少年学生阳光体育运动";2007年5月7日,中共中央国务院颁发了《关于加强青少年体育 增强青少年体质的意见》(下称《意见》)。《意见》中明确指出:"广大青少年身心健康、体魄强健、意志坚强、充满活力,是一个民族旺盛生命力的体现,是社会文明进步的标志,是国家综合实力的重要方面⋯⋯要认真落实健康第一的指导思想,把增强学生体质作为学校教育的基本目标之一⋯⋯全面实施《国家学生体质健康标准》,把健康素质作为评价学生全面健康发展的重要指标。广泛开展'全国亿万学生阳光体育运动',鼓励学生走向操场、走进大自然、走到阳光下,形成青少年体育锻炼的热潮。确保学生每天锻炼一小时⋯⋯"

　　为了适应新时期国家提出的一系列学校体育改革发展要求,以促进学生体质健康发展为根本目的,在遵循学生生长发育规律和认知规律的基础上,我们对2005年版系列教材进行了全面的修订。

　　本次修订是在遵循第一版"指导思想明确、突出教育功能、围绕健康促进、强调个性发展、彰显文化特色"的编写基础上,进一步强调了系列教材的实用性、针对性等特点。具体体现在:① 以"健康第一"思想为指导,统领整个教材编写工作;② 以突出学校体育的教育功能为根本,使教材内容呈现鲜明的知识性、系统性、先进性特色;③ 以促进学生体质健康发展为宗旨,突出教材内容的方法性、实用性,并对增强学生体质内在规律性的认识进行了系统的诠释;④ 以满足学生的个性需求为原则,使系列教材内容丰富多彩;⑤ 以适应"阳光体育运动"开展为基本要求,使教材内容能够充分反映课内外有机衔接;⑥ 以先进的体育文化为引领,使教材内容集知识性、教育性、娱乐性于一体。

　　在上述思想的指导下,我们具体做了如下修改:

　　1. 将原第一章内容进行了调整,删除了与学生课内外体育锻炼联系不够紧密的"学校体育与竞技运动"、"营养与健康"、"奥林匹克运动"等内容,并对"健康概述"、"体育锻炼与健康"、"普通高等学校体育教育要求"和"校园体育文化"等部分的内容进行了较大幅度的改动,如增加了高校体育课程、《国家学生体质健康标准》、"阳光体育运动"等内容,使本章内容与高等学校体育课程改革更加贴近,更贴近大学生的生活,更便于学生阅读和掌握。

2. 将原教材第二章、第三章和第四章内容整合为一章,使该部分内容更简练、直观,便于学生理解具体项目对健康的影响和作用。

3. 在技术部分也进行了一定的调整,如调整了部分技术出现的先后顺序,使得技术部分内容更加符合教学实践活动的规律;增加了大量的练习方法,使学生可以根据自身的情况进行选择,为熟悉、熟知和掌握该运动项目提供了有效的途径。

本套教材是普通高等教育"十一五"国家级规划教材,包括《足球》、《篮球》、《排球》、《乒乓球》、《羽毛球》、《网球》、《健美操》、《体育舞蹈》、《健身健美》、《游泳》、《武术》、《散打与女子防身术》、《跆拳道》、《户外运动》、《体育保健与康复》等分册。

在本系列教材的编写过程中,吸收、借鉴了国内外许多专家学者的最新研究成果和出版文献,在出版过程中得到了高等教育出版社体育分社的大力支持和帮助,在此一并表示诚挚的感谢!

由于编写人员水平所限,不妥之处在所难免,敬请读者批评指正!

张瑞林
2009 年 11 月

目录

第一章 体育与健康概述 ... 1
- 第一节 健康概述 ... 2
- 第二节 体育锻炼与健康 ... 9
- 第三节 普通高校体育教育要求 ... 11
- 第四节 校园体育文化 ... 15

第二章 健美操运动与健康 ... 21
- 第一节 健美操运动与身体健康 ... 22
- 第二节 健美操运动与心理健康 ... 28
- 第三节 健美操运动与社会适应能力 ... 33

第三章 健美操运动的起源与发展 ... 39
- 第一节 健美操运动的概念、分类、特点 ... 40
- 第二节 健美操运动的起源与发展 ... 42
- 第三节 我国健美操运动的发展 ... 46

第四章 健美操运动的基本动作 ... 51
- 第一节 健美操基本动作简介 ... 52
- 第二节 健美操的基本术语 ... 53
- 第三节 健美操的下肢动作 ... 56
- 第四节 健美操的上肢动作 ... 66
- 第五节 健美操的头颈动作 ... 72
- 第六节 健美操的躯干动作 ... 73
- 第七节 健美操的基本技术 ... 78

第五章 健美操运动基本动作的变形要素及其组合 ... 81
- 第一节 基本动作的变形要素 ... 82
- 第二节 组合动作的编排 ... 83
- 第三节 基本动作组合 ... 85
- 第四节 健美操边学边练组合 ... 98

第六章 健身操特殊课种的介绍 ... 101
- 第一节 瑜伽 ... 102
- 第二节 动感拉拉队操 ... 104

第三节　普拉提……………………………………………111
　　第四节　有氧搏击操………………………………………114
第七章　健美操竞赛的组织………………………………………121
　　第一节　高校健美操竞赛的意义和特点…………………122
　　第二节　健美操竞赛的组织办法…………………………123
第八章　健美操运动的欣赏………………………………………129
　　第一节　健美操运动欣赏的内容…………………………130
　　第二节　如何欣赏健美操运动……………………………132
附录一　《国家学生体质健康标准》评分标准 …………………134
附录二　《心理健康症状自评量表（SCL-90）》…………………140
附录三　《大学生社会适应测试量表》……………………………147
主要参考文献………………………………………………………149

第一章 体育与健康概述

章前导言

"以人为本、健康第一"是《全国普通高等学校体育课程教学指导纲要》的核心理念,是体育课程改革的行动指南。然而,如何理解新时期普通高等学校体育教育的目标和功能?如何理解健康的含义?体育与健康有何关系?国家对普通高校体育教育的要求是什么?如何深刻认识学校体育的文化含义?本章将围绕上述问题进行系统、全面的阐述。

学习目标

1. 理解健康和亚健康的含义。
2. 体育锻炼对健康的促进作用。
3. 国家对普通高校体育教育的要求。
4. 探究校园体育文化的精髓。

关键词

健康　阳光体育运动　校园体育文化

第一节 健康概述

随着社会的发展、生产力水平的提高以及人们物质生活的日益丰富,人们的生活方式发生了很大变化,人类正在被激烈的社会竞争和巨大的社会压力所困扰,以致引发了诸多精神紧张和心灵扭曲的病症。诸如此类的现象比比皆是。由此,也使得人类对健康的追求比以往任何一个时期更加迫切和强烈!

一、健康的概念

人是一种既具有生物属性,又具有社会属性的高级动物。人们能够意识到何谓"生"、何谓"死",懂得健康的重要性。健康可以说是人类最基本的要求,也是人类永恒的主题。何谓健康?从古至今,人们对它的解释各不相同。1948年,世界卫生组织(WHO)在其宪章中给健康下的定义是健康不仅仅是没有疾病和衰弱的状态,而是一种在身体上、精神上和社会上的完好状态。而后,世界卫生组织又在1978年国际保健大会上通过的《阿拉木图宣言》中重申了健康的含义,指出健康不仅仅是没有疾病和痛苦,而且包括在身体、心理和社会各方面的完好状态。由此可见,一个人只有在身体和心理上都保持健康的状态,并且有良好的社会适应能力,才称得上真正的健康。

从世界卫生组织对健康概念的表述不难看出,人的健康具有身体、心理和社会三维立体的结构含义,并且三者同时具备的程度决定着人的健康状况。因此,美国学者奥林斯提出了一种三维健康模型,强调从生物、心理和社会三个方面来评价人的生命状态(表1-1)。

表1-1 8种三维健康模型

种类	标志	身体方面	心理方面	社会方面
1	正常健康	健康	健康	健康
2	悲观	健康	不健康	健康
3	社会方面不健康	健康	健康	不健康
4	患疑难病症	健康	不健康	不健康
5	身体不健康	不健康	健康	健康
6	长期受疾病折磨	不健康	不健康	健康
7	乐观	不健康	健康	健康
8	严重疾病	不健康	不健康	健康

资料来源:F.D.奥林斯.健康社会学[M].北京:社会科学文献出版社,1992.

鉴于世界各国对健康问题的研究,世界卫生组织在其制订的世界保健大宪章中对"健康"提出了10条准则,进一步丰富了传统意义上健康的内涵。健康的这10条准则是:

(1) 精力充沛,能从容不迫地应付日常生活和工作,而不感到过分紧张和疲劳;
(2) 处事乐观,态度积极,乐于承担责任,事无巨细,不挑剔;
(3) 善于休息,睡眠良好;
(4) 应变能力强,能适应外界环境的各种变化;
(5) 能够抵抗一般性感冒和传染病;
(6) 体重适当,身体匀称,站立时头、肩、臀位置协调;
(7) 眼睛明亮,反应敏捷,眼睑不发炎;
(8) 牙齿清洁,无龋齿,不疼痛,牙龈颜色正常,无出血现象;
(9) 头发有光泽,无头屑;
(10) 肌肉丰满,皮肤有弹性,走路轻松。

二、亚健康

20世纪80年代,有研究者发现,在人的一生中,身体除健康状态和疾病状态外,还存在一种介于两者之间的一个非健康非疾病的状态,人们将其称为"亚健康"状态(图1-1),也称为灰色状态、病前状态、亚临床期或潜病期等。人体处于亚健康状态虽然机体尚无临床症状或器质性病变,但机体的生理功能已经

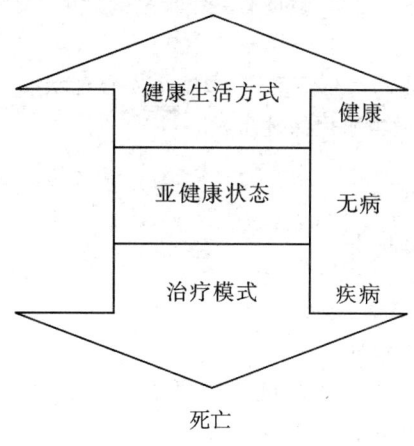

图1-1 健康、死亡连续统一体

开始下降,如自感体力下降,反应能力降低,精神状态欠佳,免疫能力低下,并对程度不同的不舒服的症状有各种自我感觉,此时具有发生各类疾病的危险。

亚健康状态既可以向健康状态转化,也可以向疾病状态转化。亚健康状态向健康状态转化,取决于自我保健的措施和自身的免疫能力,而向疾病状态转化是亚健康状态的自发过程。因此,通过体育锻炼,提高自身的免疫力水平和身体的各项机能,是摆脱亚健康状态最有效的方法。

> **知识链接 1-1**
>
> 三种健康状态
>
> - 健康状态:经临床检查无疾病,主观又无虚弱和不适的感觉;精力充沛,工作、学习、处事及社交均处于自我感觉较为满意的状态。
> - 亚健康状态:虽然没有疾病,但主观感觉虚弱和诸多不适;日常精神欠佳,机体活力降低;反应能力减退,工作效率降低;为人处世较差,适应能力降低;同时又无疾病的客观依据。
> - 疾病状态:按国际疾病分类标准确定疾病,并根据病情和病程确定疾病状态。

> **知识链接 1-2**
>
> 亚健康状态的成因与消除
>
> - 成因:亚健康状态与遗传基因、严重的环境污染、紧张的生活节奏、过重的心理压力、不良的生活习惯、超负荷工作带来的疲劳、长期患病或经历过手术治疗等因素有关。
> - 消除措施:改正不良生活习惯、调整个人心理状态、提高应变能力、消除疲劳、加强体育锻炼、适当服用保健品等。

三、大学生的健康状况

(一)大学生身体健康

1. 大学生身体健康现状

2005 年第五次全国学生体质健康调研结果显示:我国学生的肺活量水平、体能素质持续下降,其中体能素质中的耐力素质持续 20 年下降,速度素质和力量素质连续 10 年下降;超重学生和肥胖学生的比例迅速增加,其中城市男生已达24%；视力不良率仍居高不下，其中小学生为31%、初中生为58%、高中生为65%、大学生为82%。

造成上述情况的原因有很多，但是大致可以归结为以下几个主要方面：

（1）学校体育的本质功能没有被充分认识；

（2）混淆了学校体育与竞技体育的本质区别；

（3）体育课程改革有待进一步深化；

（4）学校全民健身服务体系尚未形成；

（5）学生课业负担重、锻炼时间少，且未养成良好的锻炼习惯；

（6）学校体育场地、器材、设施欠缺，体育活动的内容与形式都不够丰富。

如何提高大学生身体素质的问题，引起了国家领导和全社会的极大关注。要想提高大学生的身体健康水平，学校体育教育应从以下几个方面落实好各项工作：

（1）高校体育教育要树立"健康第一"的指导思想；

（2）构建科学的体育课程体系；

（3）推动学生课外体育锻炼的开展；

（4）提高体育师资队伍的素质和水平；

（5）完善学校运动训练和竞赛体系。

2．大学生体质健康测试

教育部、国家体育总局根据《学生体质健康标准》试行5年来的实际情况和调研中所发现的问题，对《学生体质健康标准》进行了修订和完善，并定名为《国家学生体质健康标准》（以下简称《标准》），于2007年正式颁布实施。《标准》的颁布实施，对于加强素质教育，提高我国青少年体质健康水平起着十分重要的作用。

《标准》从身体形态、身体机能、身体素质和运动能力等方面综合评定学生的体质健康水平，并把学生分为6个组别，其中大学生单独列为一组。《标准》还对测试项目、评价标准等作了明确的规定（附录一）。本章第三节将对体质测试进行详细介绍。

知识链接1—3

运 动 处 方

运动处方是康复医师、教练员或体育教师及社会体育健身指导员等，针对从事体育锻炼者或病人，根据医学检查资料，按其健康、体力以及心血管功能状况，结合生活环境和运动爱好等个体特点，用处方的形式规定适当的运动种类、强度、时间及频率，并指出运动中的注意事项，以指导其有计划地、科学地经常性锻炼,达到健身、消除疲劳或治病的目的。

制订运动处方应遵循个体化原则、安全有效原则、可行性原则、循序渐进原则和全面性原则。

一个完整的运动处方一般包括以下内容:运动目的、运动种类、运动强度、运动时间、运动的时间带、运动频率及注意事项等。

1. 运动目的

由于处方对象的性别、年龄、身体状况的不同,其运动目的也不同。目的有强身健体、疾病防治、减肥健美、娱乐休闲及提高专门运动成绩等。

2. 运动种类

根据体育运动参加者的目的不同,可选择有针对性的运动项目。为了健身、保持体重及改善心脏功能和代谢,或者为了预防疾病,宜选择以有氧代谢为主的步行、慢跑、游泳、自行车、划船等耐力性运动项目;为了增强肌肉力量和肢体活动能力,宜选择力量性运动项目;为了松弛精神、消除疲劳、预防高血压和神经衰弱,可选择太极拳、五禽戏、散步和放松体操等伸展运动项目。

3. 运动强度

适宜运动强度的范围可以用靶心率来控制,靶心率 = (220 − 年龄) × (70% ~ 85%)。也可以计算出最适宜运动的心率。其计算方法如下:

最大心率 = 220 − 年龄　心率储备 = 最大心率 − 安静心率

最适宜运动心率 = 心率储备 × 75% + 安静心率

或者是通过简易的计算方法:靶心率 = 180(或 170) − 年龄

4. 运动时间

运动时间是每次运动所持续的时间,即达到运动处方所要求运动负荷的时间。

5. 运动的时间带

运动的时间带是指一天中应在什么时候运动。应根据人的生物节律周期及日节律来合理安排运动的时间带。

6. 运动频率

运动频率是指每周运动的次数。运动间隔时间过长或过短,都会影响运动处方的效果。一般采用隔日锻炼一次,这样可以给机体充分的休息调整时间,使其做到"超量恢复",从而使处方效果显著。

7. 注意事项

为了保证安全,要根据处方实施者的具体情况,提出锻炼时的注意事项。

大学生运动处方示例:减肥的运动处方

姓名:A　性别:女　年龄:20 岁　职业:学生　体育爱好:羽毛球

健康检查:良好,身高1.55米,体重60公斤,体脂中度超重　病史:无

运动负荷测定:台阶实验,安静脉搏79次/分钟,血压75/115毫米汞柱,肺活量2 800毫升。

体能测定:力量——仰卧起坐25个/分钟,耐力——800米跑4分5秒。

体质评定:健康状况,良;体重过重,心肺功能稍差

运动目的:减肥和健身

运动项目:羽毛球、健身跑、健美操、篮球等

运动强度:由小逐渐加大,心率在靶心率范围(140~170次/分钟)

运动时间:12周(减少体重3~5千克),每次30~60分钟

运动频度:4~5次/周

注意事项:适当控制饮食,减少糖类、油脂的摄入,可吃一定的蔬菜、水果,有病如发热,应停止运动

自我监督:心率

处方者:

年　月　日

(二)大学生心理健康

1.大学生心理健康的现状

近年来,大学生作为一个特殊的群体,其心理健康问题日益受到人们的重视。当前,我国正处于向社会主义市场经济过渡的关键时期,社会经济体制的变革必然对原有的社会文化及道德体系造成一定的冲击。大学生一方面要面对大学学习、生活的压力,另一方面又要面对社会上各种多变的思潮和价值观念。理想与现实的反差,期望与能力的冲突,使他们感到困惑和无所适从。有研究表明,在具有心理疾病的大学生中,男生多表现为偏执、精神病性和敌对;女生多表现为恐惧、忧郁、焦虑和人际关系敏感。

影响大学生心理健康的原因是多方面的,包括社会、家庭、学校等各个方面。对大学生个人而言,以下4个方面是影响大学生心理健康的主要原因:

(1)适应环境问题;

(2)爱情、婚姻、择业问题;

(3)网络沉迷问题;

(4)观念面临挑战问题。

现阶段,针对大学生的心理健康问题,有关专家、学者进行了大量的研究,给出了比较系统的解决方案,认为高校要提高大学生的心理健康水平应从以下几

个方面着手：

(1) 加强心理健康教育的师资队伍建设；

(2) 开设心理健康教育课；

(3) 开展心理咨询与心理辅导；

(4) 构建大学生心理健康教育课程体系；

(5) 加强校园科技文化建设；

(6) 培养学生自我心理调节的能力。

2. 大学生的心理测试

大学生良好心理素质的培养与心理健康教育不仅关系到社会主义高等教育能否培养出身心健康、人格健全、全面发展、适应社会主义市场经济要求、适应新世纪挑战的新型人才，而且关系到全民族素质的提高。目前，许多高校正致力于大学生心理健康的辅导，许多高校针对大学生的心理健康状况采取了问卷调查和开设心理学讲座的形式，学生在入学时要填写调查问卷，学校为学生建立心理健康档案，并在学业期间针对学生出现的较为普遍的心理问题开设专门的心理健康讲座。现在，几乎所有高校都设有心理咨询室，学生可以针对遇到的心理困惑进行免费的咨询。

虽然国内外关于心理健康的调查问卷比比皆是，但是对大学生而言，使用起来各自有着不同的优点和弊端。由于思维方式、成长环境以及传统文化的不同，在引入国外量表时就存在是否"适用"的问题。而我国专门针对大学生设计的心理量表尚需要经过长期实践的检验，在确立其信度和效度达到要求的情况下，方可公开使用。针对这样的现状，本书引入了世界上最著名的心理健康测试量表——《症状自评量表（SCL-90）》（附录二），以方便大学生参照。

(三) 大学生社会适应能力

1. 大学生社会适应能力的现状

社会适应能力反映在与周围环境具有积极、稳定的双向作用，既包括个体的主动适应，又要求与周围环境相协调，前者即个体执行社会角色的能力，后者体现在和谐的人际关系和充分的社会支持上。

从大学生群体社会适应能力的总体表现出发，我国大学生的社会适应能力现状整体呈良性发展趋势，个体能在个体环境、集体环境及社会环境中表现出和睦相处的愿望、良好的人际关系、良好的道德情操、积极向上的社会责任感。但同时也有部分学生的社会参与意识不强，环境适应能力弱，不能胜任多角色的变换，服务社会的意识淡薄，在社会活动中处于从属的地位，难以坚持原则等。大学生所表现的社会适应能力状况是与其从不成熟走向成熟的心路历程息息相关的。在改善大学生社会适应能力状况时，应针对其年龄特征和心理特征循循善诱,因势利导,而不应采取强硬的态度和措施。

2. 大学生社会适应能力测试

虽然近年来社会适应能力的好坏逐渐成为人们关注的焦点,但是专门针对于大学生社会适应能力测试的量表却并不多见,这与长期以来社会适应能力没有很好地从心理健康问题中分离出来是有很大关系的。在很多心理量表中,都包含着社会适应能力的测试因子。加强大学生社会适应能力的评价工作,需要当今的社会学专家、心理学专家以及全社会的共同努力。本书引入了郑日昌先生的《大学生社会适应能力诊断量表》(附录三),以方便大学生进行自我诊断。

> **知识链接 1-4**
>
> 由于心理测试和社会适应能力测试是通过一些间接指标来反映实际的心理状况和社会适应能力状况的,受测试者当时身体健康状态、情绪等多方面的影响,所以测试结果是需要客观对待的。尤其是当测试结果不理想时,一方面要积极对待测试的结果,因为未必测试结果就是准确的;另一方面要积极地与相关心理学专业人员进行沟通,在专业人员的帮助下,积极地调整状态。一个心理问题或社会适应问题的解决就如经历了一场感冒一样,问题解决后,你会发现:健康原来如此重要!

第二节 体育锻炼与健康

根据世界卫生组织对健康的定义,一个人的健康与否需要从身体、心理和社会适应能力三个方面予以综合评价。人类健康受多种因素的影响,主要包括遗传、营养、体育锻炼、生活环境、教育状况、卫生条件等几个方面。体育虽然不是达到健康目的的唯一途径,但却对健康有着极为重要的促进作用。

一、体育锻炼对身体健康的促进作用

体育锻炼对身体健康的促进作用表现在对人体形态和机能的影响上。一定时间和量的体育锻炼可以在一定程度上提高神经系统的调节作用,使机体各器官、系统之间的配合更加协调、工作效率更高,抵御外界侵扰的能力增强等。这些内在机能的改变将直接导致人体骨骼、肌肉、皮肤等的改变:通过体育锻炼可以使肌肉体积增大、骨骼更加粗壮、皮肤更加红润,使人体格健壮、精力充沛,从而从容不迫地应对生活、学习和工作中的各项身体活动和压力。

二、体育锻炼对心理健康的促进作用

体育锻炼对身体健康的促进作用已成为不争的事实,人作为一个身心统一的个体,身体健康与心理健康是相互促进、相互影响的,体育锻炼作为一种有效增进身体健康的手段,在促进身体健康的同时,也对心理健康起着良好的调节与促进作用。体育锻炼对心理健康的促进作用主要表现在发展智力、改善情绪状态、促进良好自我概念的确立、培养坚强的意志品质、缓解心理压力等方面。另外,随着人们对运动处方的研究,体育锻炼在作为心理疾病的医疗辅助手段上,正发挥着积极的保健康复作用。

> **知识链接 1-5**
>
> 如何科学地选择适合调节心理问题的运动项目
>
> 对于存在不同程度心理问题的个别学生而言,需要有针对性地选择锻炼的项目。有些项目的对抗比较激烈,如果个体焦虑水平比较高,情绪容易烦躁,这时应选择比较舒缓的运动项目进行锻炼,从而达到降低焦虑水平、提高心理调适能力的目的,如太极拳、慢跑等;而有的人则有抑郁的倾向,在选择运动项目时,可选择单位时间内强度较大的项目,以达到提高神经系统的兴奋性,调动身体的活力,进而发展积极情绪的目的,如健美操、篮球、排球、羽毛球等。

> **知识链接 1-6**
>
> 促进心理健康的途径
> - 选择有利于克服心理障碍的健身形式。
> - 提高自己人际交往的能力,增强自己的社会适应性。
> - 建立知足常乐的人生观。
> - 培养多方面的兴趣和积极的情操。
> - 激发自己的非智力因素,尝试创造性的学习和工作。

三、体育锻炼对社会适应能力的促进作用

社会适应能力与身体健康和心理健康密切相关,尤其与后者关联度更高。体育锻炼对社会适应能力的影响主要表现在促进人的竞争与协作意识的发展、培养公平公正的价值观和个体适应社会角色的能力、培养建立良好人际关系的

能力、提高人们对现代快节奏生活的适应能力等方面。

> **知识链接1-7**
>
> 如何在体育运动中提高大学生的社会适应能力
> - 养成尊重生命的观念,丰富体育生活。
> - 提高健康意识,形成健康理念。
> - 练就良好的体能,发展运动技能。
> - 培养增进人际关系与互动的能力。
> - 培养社会责任感。
> - 培养积极向上的意识,建立公平竞争的环境。
> - 培养合作精神,提高团队凝聚力。

资料来源:蔡丽萍,杜欣.体育运动对提高大学生社会适应能力的作用[J].中国环境管理干部学院学报,2006,16(2):121-122.

第三节 普通高校体育教育要求

一、高校体育课程

中共中央国务院于1999年6月发出的《中共中央国务院关于深化教育改革全面推进素质教育的决定》,明确指出:"健康体魄是青少年为祖国和人民服务的基本前提,是中华民族旺盛生命力的体现。学校教育要树立'健康第一'的指导思想,切实加强学校体育工作。"在这一思想的指导下,教育部2002年制定颁发了《全国普通高等学校体育课程教学指导纲要》(以下简称《纲要》),并制定了普通高等学校体育课程目标,要求学生通过体育课程的学习,在以下几方面得到发展:

第一,增强体能,掌握和运用基本的体育与健康知识和运动技能;
第二,培养运动的兴趣和爱好,形成坚持锻炼的习惯;
第三,具有良好的心理品质,表现出人际交往的能力与吃苦精神;
第四,提高对个人健康和群体健康的责任感,养成健康的生活方式;
第五,发扬体育精神,形成积极进取、乐观开朗的生活态度。

《纲要》要求学生通过体育课程的学习,不但要在体能、体育与健康知识和运动技能等方面有所收获,而且要使学生形成坚持体育锻炼的习惯和健康的生活方式,并具有积极进取、乐观开朗的生活态度。

> **知识链接1-8**
>
> **国外体育课程的目标**
>
> • 新西兰：① 形成维持和提高个人健康和身体发展的知识、理解、技能和态度；② 通过发展运动技能，获得有关的知识和理解，形成对身体活动的积极态度；③ 提高对改善人际关系的理解、技能和态度；④ 采取积极、负责的行动，参与健康的社区和环境的创新。
>
> • 美国加州：① 发展学生的各种动作技能以及与闲暇活动技能有关的能力；② 逐步理解健康生活习惯的重要性；③ 逐步获取有关游戏和运动的规则和策略；④ 通过体育和娱乐计划，提高学生的自信和自我价值感。
>
> • 英国：① 获得和发展技能；② 评价和改进活动；③ 获得体能和健康的知识和理解。

《纲要》又具体地提出了学生通过体育课程学习在运动参与范围内、运动技能范围内、身体健康范围内、心理健康范围内、社会适应范围内应达到的要求：

第一，在运动参与范围内应达到：具有积极参与体育活动的态度和行为；用科学的方法参与体育活动。

第二，在运动技能范围内应达到：获得运动基础知识；学习和应用运动技能；安全地进行体育活动；获得野外活动的基本技能。

第三，在身体健康范围内应达到：形成正确的身体姿势；发展体能；具有关注身体和健康的意识；懂得营养、环境和不良行为对身体健康的影响。

第四，在心理健康范围内应达到：了解体育活动对心理健康的作用，认识身心发展的关系；正确了解体育活动与自尊、自信的关系；学会通过体育活动等方法调控情绪；形成克服困难的坚强意志品质。

第五，在社会适应范围内应达到：建立和谐的人际关系，具备良好的合作精神和体育道德；学会在现代社会中获取体育知识与健康知识的方法。

二、体质测试

为贯彻落实"健康第一"的指导思想，切实加强学校体育工作，促进学生积极参加体育锻炼，养成良好的锻炼习惯，提高体质健康水平，并结合新时代的实际情况和要求，教育部于2007年对2002年颁布的《学生体质健康标准（试行方案）》（教体艺）进一步作了改革，颁布了《国家学生体质健康标准》。

（一）体质测试的项目

《标准》从身体形态、身体机能、身体素质和运动能力4个方面综合评定学生的体质健康状况。该标准大学为一组,大学测试项目为五类,身高、体重、肺活量为必测项目,其他三类测试项目各选测一项,大学生评价指标与分值见表1-2。

表1-2 《国家学生体质健康标准》大学生测试项目与分值

指标	测试项目	分值	备注
身体形态	身高、标准体重	10	必 测
身体机能	肺活量体重指数	20	必 测
	1000米跑(男)/800米跑(女)、台阶试验	30	选测一项
身体素质	坐位体前屈、仰卧起坐(女)/引体向上(男)、掷实心球、握力体重指数	20	选测一项
运动能力	50米跑、立定跳远、跳绳、篮球运球、足球运球、排球垫球	20	选测一项

(二)评分标准

各评价指标的得分之和为大学生体质健康标准的最后得分,满分为100分。根据最后得分评定等级:90分及以上为优秀,75～89分为良好,60～74分为及格,59分及以下为不及格。学生体质健康标准成绩每学年评定一次,按评定等级计入《国家学生体质健康标准登记卡》。具体评分标准见附录三附表8,附表9。

三、阳光体育运动

大学生是21世纪我国社会主义现代化建设事业的主要力量,他们的身体健康状况如何,直接关系到我国社会主义现代化战略目标能否实现,关系到中华民族的生命力。提高大学生的健康水平,培养他们的健康体格,是一项基础性工程,是普通高校推进素质教育义不容辞的责任。大学生身体健康状况关系其今后发展,决定着个体的顺利成长和成才,也关系着民族的未来与希望。

1985—2005年先后5次全国学生体质健康调研的结果引起了国家领导和全社会的极大关注。2006年12月23日,在国务委员陈至立同志的亲自安排和领导下,教育部、国家体育总局和共青团中央在北京联合召开了新中国成立以来的第一次"全国学校体育工作会议",会议的主题是"关注亿万青少年学生身体健康"。教育部、国家体育总局、共青团中央于当日联合发出了《关于开展全国亿万学生阳光体育运动的通知》(以下简称《通知》)。《通知》指出:要进一步提高对体育的认识。在各级各类学校中形成全员参与的群众性体育锻炼的良好风气;要以"达标争优、强健体魄"为目标,用三年时间,使85%以上的学校能全面实施《标准》,使85%以上的学生能做到每天锻炼一小时,达到《标准》及格等级以上,掌握至少两项日常锻炼的体育技能,形成良好的体育锻炼习惯,体质健康水平切实得到提高;要以全面实施《标准》为基础,建立和完善标准的测试结果记录体系,并作为毕业升学的重要依据;

  要与体育课教学相结合,确保开足、上好体育课,保证学生每天一小时的锻炼时间;要与课外体育活动相结合,大力推行大课间体育活动,不断丰富学生课外体育活动的形式和内容;要营造良好的舆论氛围,通过宣传,使"健康第一"、"达标争优、强健体魄"、"每天锻炼一小时,健康工作五十年,幸福生活一辈子"的口号家喻户晓,深入人心;要加强组织领导。①

  2007年1月7日,胡锦涛总书记针对现在我国青少年学生的身体健康问题作了重要批示。希望教育部、国家体育总局拿出具体可行的对策和方案。全国各省市、自治区、直辖市围绕落实胡总书记和学校体育工作会议的精神,积极研究制订适合本地区的有关方案。2007年4月29日,教育部、国家体育总局、共青团中央、北京市政府在北京朝阳公园举办了"全国亿万青少年学生阳光体育运动"现场启动仪式,随着中共中央政治局常委李长春同志宣布"全国亿万学生阳光体育运动正式启动",面向全国各级各类学校全体学生的一项大型群众性体育活动拉开了序幕。

  2007年5月7日《中共中央国务院关于加强青少年体育增强青少年体质的意见》(下称《意见》)(中发[2007]7号)颁布与实施,标志着国家将关注广大青少年身体健康的重大战略性举措纳入了人才强国战略的具体操作内容之中。《意见》不仅规定了新时期学校体育工作落实科学发展观的原则和方向,而且,也为促进青少年学生体质健康发展提供了政策保障。《意见》的发布是在和谐社会建设过程中,学校体育教育落实以人为本、促进人的全面发展的重要体现,是指导学校体育改革的纲领性文件。

  2007年6月14—15日,教育部在山东大学召开了教育部直属高校体育工作会议。会议围绕学习、贯彻《意见》和全国学校体育工作会议精神,研究落实全国亿万学生阳光体育运动和《标准》的实施工作,动员教育部直属高等学校加强学生体育工作,促进学生健康成长。

  2008年,教育部、国家体育总局、共青团中央在2007年成功举办"阳光体育

---

  ① 教育部,国家体育总局,共青团中央.关于开展全国亿万学生阳光体育运动的通知[Z]教体艺[2006]6号.

与奥运同行冬季长跑活动"的基础上,共同下发了《全国亿万学生阳光体育冬季长跑活动的通知》(下称《通知》),要求各级教育行政部门要将冬季长跑活动纳入工作计划,广泛发动、认真组织、具体指导,尽最大可能提高冬季长跑活动在本地区学校开展的普及率,并要求各级各类学校把冬季长跑活动纳入日常教育教学计划之中,将冬季长跑活动与体育课、早操、大课间体育活动和课外体育活动有机结合,制订操作性强的实施方案,组织、指导并带动广大学生积极参加冬季长跑活动。

《通知》规定:从 2008 年 10 月 26 日开始,学生们要在学校里参加为期半年的冬季长跑活动。按要求,每个学生每天长跑距离基数大致为:小学生 1 000 米,中学生 1 500 米,高中生及大学生 2 000 米。全国各高校响应教育部的号召,积极做好宣传、报道工作,营造良好的活动氛围,并认真组织本校冬季长跑活动起跑仪式,促进全社会关注和支持冬季长跑活动。

> **知识链接 1-9**
>
> **冬季长跑对大学生的裨益**
>
> 　　冬季长跑不仅能增强学生体质和耐寒能力,促进肌肉、骨骼、神经系统和器官的健康发育,而且还能磨炼学生的意志力、坚持力、自制力、进取心以及自觉性等,大学生也可以很好地利用冬季长跑的方式,调适不良的情绪状态、缓解心理压力,从这一层面来说,冬季长跑对于维护大学生身心健康是大有裨益的,能使大学生活更富阳光、更为精彩。

2009 年 5 月 14 日,教育部部长周济在全国亿万学生阳光体育运动推进会上提出,要大力推动国家学生体质健康标准,大力开展群众性校园体育活动,以新的高度、新的思路和新的举措抓好学校体育工作,要以爱与责任,扎扎实实地推进阳光体育运动,并再次强调在每所校园喊响"每天锻炼一小时,健康工作五十年,幸福生活一辈子"的口号。

第四节　校园体育文化

　　校园文化对生活、工作、学习在校园的全体师生而言是一个古老而又新鲜的话题。它作为一种客观存在,与校园相伴而生,如影随形,呈现方式千姿百态。校园文化包括学校在长期的办学实践中形成的培养目标、办学传统、校风、学风,校园的活动风格,师生的行为方式及其背后的价值观念等,它是校园内的微观文化,也是整个社会文化系统中的亚文化形态。校园文化是一个内容丰富、层次清晰、立体化的有机整体。作为这个整体重要组成部分的校园体育文化是促进校园文化发展的重要方面,同时,它又是内涵深刻和外延丰富的一种独特的文化现象,对于加强学校精神文明建设、提高校园文化质量、全面推进素质教育和全民健身计划的落实以及培养师生的终身体育意识都具有十分重要的意义。

一、校园体育文化的含义

校园体育文化是学校全体师生员工在长期的办学活动和体育活动中所形成的体育活动方式以及所创造的体育精神财富和物质财富,它是身体教育智慧和身体练习实践能力的总和。校园体育文化是一种管理文化、教育文化和组织文化。

(一) 校园体育文化是一种管理文化

学校体育工作的目标是为学校的总体发展目标服务的。要实现学校体育的工作目标,必然要充分调动学校领导、教师和学生的积极性,充分依靠管理的计划、组织、领导、控制等职能,充分利用学校现有的体育人力、物力、财力等资源。

(二) 校园体育文化是一种教育文化

高等学校是培养高素质创新型专业人才的基地,学校体育是学校教育的重要组成部分,所以,校园体育文化活动必须反映出学校的价值观、道德规范和行为规范。在实施过程中,必须科学设计学校体育教学活动和群体活动,否则,就不能生成具有学校特征的体育文化。

(三) 校园体育文化是一种组织文化

为了实现校园的体育工作目标,学校必须建立分工明确、制度到位的体育工作组织。这一组织除了有组织原则、组织结构、组织过程及必要的规章制度之外,更重要的是要有校园体育文化,使学校体育组织有一个共同的群体意识及行为准则,以营造和谐的人际关系,形成团结、互助、融洽的组织气氛。

二、校园体育文化的要素和结构

(一) 校园体育文化的要素

一般文化要素包括心理、行为、物质三个不同的层面。校园体育文化也不例外,校园体育文化的心理要素,也就是校园体育文化的精神、观念层面,也称为精神文化;校园体育文化的行为要素,也就是校园体育文化的行为方式、制度规范层面,也称为行为制度文化;校园体育文化的物质要素,也就是校园体育文化的物质层面,也称为物质文化,包括凝结校园体育文化物质的各种物质财富。对校园体育文化而言,物质文化是其最外表的层面,行为制度文化次之,精神文化是内核。

(二）校园体育文化的结构

校园体育文化可以分为精神、制度、物质三个层面：

1. 精神层面

精神层面主要指学校师生共同形成的体育信念、价值标准、道德风尚和精神风貌,这是校园体育文化的核心和灵魂,是形成校园体育文化的制度层面和物质层面的前提和根源。校园体育文化中有无精神层面或精神层面的优劣,是衡量一所学校能否坚持社会主义的办学方向、能否培养德、智、体、美全面发展的高素质创新人才的标志和标准。

2. 制度层面

制度层面主要指对学校师生和学校体育组织产生规范性、约束性影响的部分,它集中体现了校园体育文化的精神层面和物质层面对个体行为和群体行为的要求。制度层面主要是规定了学校成员在体育教学及其他群体活动中所应遵循的行为准则。例如,《国家学生体质健康标准》实施制度、体育课程教学计划设置制度和考评制度、"三好学生"和"奖学金"评定制度中对体育的要求规定等。

3. 物质层面

物质层面是校园体育文化的表层部分,是形成精神层面和制度层面的条件,从物质层面中往往可以折射出学校体育的价值观念、德智体美全面发展的高素质创新人才培养的人才培养观念等,它是校园体育文化的物质载体和凝聚体。例如,学校体育场馆设施的建设状况、学校体育经费的投入情况、学校体育活动的档次和规模等。

三、校园体育文化的特点

校园体育文化作为校园文化的重要组成部分,在促进学生素质教育和精神文明建设等方面具有特殊的地位和作用,具有深刻内涵、丰富处延和时代性、开放性、竞争性、方向性等特点。

（一）时代性

任何文化都是时代的产物,都在一定程度上反映时代本质的特征,同时又随着时代的发展、前进而不断地演化自己的形态。在校园体育文化的形成和发展中,内容与形式都受到一定时代的政治体制、经济体制、教育体制以及社会结构、文化风尚等制约。校园体育文化作为校园文化的一部分,其内容与形式也受到一定的政治体制、经济体制、教育体制、社会结构和文化风尚等方面的制约,反过来它又为一定的政治、经济服务。例如,20 世纪 50 年代我国倡导全民健身、贯彻劳卫制、在校学生的体育成绩要达到等级运动员的标准;60 年代中期至 70 年代末期的"文化大革命",体育几乎处于瘫痪状态;80年代学习女排热;80年代末至90年代初又掀起足球热。而当今的全民健身计划活动,每一次活动,都深深地影响学校,甚至成为那个特定的时代校园体育文化的主旋律。总之,时代的体育精神特点感染校园体育文化,校园体育文化反映着时代的体育风貌。[①]

(二)开放性

校园体育文化是一个开放的体系,广大师生的积极参与决定了它具有其他社团不可替代的作用。通过学校之间、院系之间、学校与社会之间频繁而广泛的、以体育为内容的交流接触,开阔了学生的视野,加深了学生对社会的了解和认识。另外,学校的体育竞赛,通过各种形式和媒体向社会展示了学校的综合实力、办学水准和精神文明建设的成就,不仅树立了学校良好的社会形象,而且对家庭体育、社区体育和整个社会体育的内容、形式和风气产生直接或间接的影响,对全社会的文明素质产生一定的积极意义。

(三)竞争性

竞争是体育运动的灵魂,也是校园体育文化的核心内容和精髓所在,没有竞争就不可能有发展和进步。不断创新、变革、竞争是现代体育的主要特点,校园体育作为现代体育的一部分也具有竞争的特点。

(四)方向性

高等教育的目标是培养德、智、体、美全面发展的,有理想、有道德、有文化、守纪律,适应社会发展的高层次人才,这就决定了高校校园体育文化必须服从和服务于这个目标。高校体育必须按高等教育培养合格人才的需求去建设校园体育文化,提倡科学、健康、文明的体育活动,开展高品位的校园体育文化,引导学生从自身的特点出发,大胆地开展校园体育活动,让他们有自我表现、自我教育、自我管理、自我提高的场所和体验。同时,激发大学生科学地进行体育健身,树立正确的人生观、道德观,弘扬爱国主义精神,使校园体育文化朝着健康、文明、正确的轨道发展。[②]

四、校园体育文化的功能

校园体育文化作为一种特殊的社会文化,是学校在长期的教学实践过程中逐步形成的,更是在广大师生直接参与和精心培养下发展起来的。它对改善学生的智能结构,加强学校与社会的交往,传承人类社会的文明,提高学生的积极

[①] 马万凤,徐金华,夏小平等.试论高校校园体育文化的特征及其功能[J].北京体育大学学报,2003,26(4):508-510.

[②] 蔡云.高校校园体育文化的特点与建设初探[J].山东体育科技,2004,26(3):78-79.

性、主动性和创造性,促进教育改革的深入发展具有特殊的地位和作用。

(一)育人功能

校园体育文化担负着育人的责任。丰富多彩、健康活跃的校园体育文化有促进学生的体育知识、体育技术、体育技能的学习,扩大学生的知识领域,锻炼学生身体素质、身体机能、身体能力、自我锻炼能力及独立思考能力的作用,为学生个性充分展现创造了理想的环境和条件,有利于增强学生的自信心和社会活动能力。

(二)健身功能

学校体育运动不仅能改善和提高学生中枢神经系统的工作能力,而且能保持学生清晰的思维和良好的记忆能力。大学生处在身体发育的较为关键时期,在体育锻炼的过程中,血液循环加快,心脏功能提高,可以使呼吸系统功能得到改善,促进骨骼、肌肉生长发育。

(三)娱乐功能

在校园里,繁忙的教学工作、紧张的学习,使师生感到焦虑和疲劳,而放松情绪、消除疲劳的方法莫过于校园体育活动,它可以使人们在身心上得到娱乐。丰富的校园体育文化内容,不管是竞技项目还是休闲项目,普遍都带有浓厚的娱乐色彩,这正迎合了师生的生理、心理特点和文化的需要。在这些活动中,可以使师生暂时忘掉工作和学习的烦恼,缓解焦虑和紧张的心理,获得精神的愉悦与自由,保持乐观情绪。通过活动的氛围还能达到陶冶情操、净化心灵、享受生活乐趣的目的,有利于人们得以和谐、健康地发展。①

思考题

1. 健康的含义是什么?
2. 体育锻炼如何促进大学生的健康?
3. 体育教育与健康教育的关系如何?
4. 国家对普通高校体育教育的要求是什么?
5. 如何营造积极的校园体育文化?
6. 校园体育文化有哪些特点?
7. 校园体育文化的功能表现在哪几个方面?

---

① 周野.校园体育文化探析[J].科技信息,2007,32:41.

第二章 健美操运动与健康

章前导言

　　健美操运动是融体操、舞蹈、音乐于一体的文化形态，它是以身体练习为基本手段，以有氧运动为基础，以追求身心健康、塑造形体和娱乐为目的，既有广泛的适应性、兼容性和健身性，又有很强的感染力和较高的欣赏价值，符合"以人为本，健康第一"的大众需求的一项体育运动。在轻松优美音乐伴奏下的健美操运动，能够增强身体健康，调整心态，培养良好的社会适应能力。

学习目标

1. 了解健美操运动对身体的促进作用。
2. 了解健美操运动对心理健康的影响。
3. 了解健美操运动与社会适应能力的关系。
4. 基本掌握健康的健美操练习方法。

关键词

　　健美操运动　身体健康　心理健康　社会适应能力　练习方法

第一节　健美操运动与身体健康

一、健美操运动对身体形态的影响

（一）健美操运动对身体围度的影响

身体围度包括：胸围、臂围、腿围、腰围、臀围等。它是身体外部形态特征的表现形式之一。从事健美操运动，可以快速有效地改善身体围度，但是对身体各部位形态的影响和作用不尽相同。在一般情况下，变化最明显的是腰围，其次是大腿围、臀围、小腿围和臂围。

（二）健美操运动对身体充实度的影响

实验表明，健美操运动可使肩胛骨、肱三头肌、腹部与大腿的皮褶厚度下降。这是因为：第一，健美操运动是一项中等强度的有氧运动，它的能量来源是以脂肪代谢为主；第二，健美操运动是在节奏欢快和强劲音乐伴奏和调控下进行的一项娱乐体育运动，运动中会使交感神经兴奋，引起人体儿茶酚胺肾上腺皮质激素分泌增加和胰岛素分泌减少等反应，使肝糖原和脂肪分解，血糖和游离脂肪酸增加，促使体内能量消耗；第三，健美操运动可明显增加脂蛋白酶的活性，促进运动中和运动后脂肪分解，增强脂肪代谢。经常从事健美操运动可以有效地减少体内脂肪，增大肌肉与脂肪的比例，使身体肌肉线条更加清晰，体态更加健美。

二、健美操运动对心肺功能的影响

（一）心肺功能与健康的关系

机体组织器官中的心脏和肺对于维持人体正常生理机能起着重要作用。由这两个系统组成的心血管系统和呼吸系统，是氧气输送系统，人体生命活动所需要的氧气就是通过以上两个系统的循环运输获得的：呼吸系统将富含氧气的新鲜空气吸入肺内，使氧气通过肺泡上的毛细血管与血液中的血红蛋白结合，而后通过心脏这个泵的不停运转，将富含氧的血液输送到全身各个器官、组织，维持各器官系统的新陈代谢。

肺的呼吸运动分为两个阶段：一是实现外界新鲜空气与肺泡内废气间交换的过程，称为肺的通气；二是完成新吸入肺泡内的空气中的氧气与血液之间的二氧化碳交换的过程，称为肺的换气。

胸廓的体积以及呼吸肌的力量决定了肺一次呼吸的最大吸气和最大呼气量。尽最大力量深吸气后所能呼出的最大气体量，就是我们常说的肺活量。一般男性的肺活量为 3.5～4.0 升，女性为 2.5～3.5 升。肺活量越大，说明肺的通气能力越强。

良好的泵血能力是心脏健康的重要表现,心肌的强弱决定了心脏输出量的多少,心肌越强,一次泵血的量就越多。一个健康成年人每分钟心跳约 75 次,每一次心跳可以向血管中泵入约 70 毫升血液(每搏输出量),每分钟心脏可以向血管内泵入 5~6 升血液(每分输出量)。血液的流量决定了血液对人体的营养供应量,在每分钟有限的心跳次数内,心脏每次泵血的量越多,血管中的血流量就越多。其中心脏收缩、血液射入动脉血管内对血管壁形成的压力称为收缩压,而心脏舒张时动脉血管壁受到的压力称为舒张压。健康成年人安静时收缩压应在 100~120 毫米汞柱,舒张压为 60~80 毫米汞柱。血压可随年龄和生理状态的变化而变化,而超过或低于所处年龄段的正常血压值都是不健康的表现,会增加其他并发症的发生概率。鉴于心脏在人体中至关重要的作用,世界卫生组织在 1972 年用"心脏—健康的中心"作为"世界卫生日"主题来提醒人们重视心脏的健康。

综上所述,心肺功能的强弱决定了人体对氧气的获得量,而在运动时机体对于氧气的需求量会大大增加,这就需要有良好的心肺功能作为保障。良好的心肺功能,既是人体健康的标志之一,也是提高人体运动能力的重要基础。

(二)健美操运动对呼吸系统功能的影响

促进心肺功能改善的最有效的锻炼方法是进行有氧运动。有氧运动既要求有一定的运动强度,还要求身体所需氧气量与心肺功能供应量达到一种动态平衡。只有适宜的运动强度,并持续一定的时间才能达到锻炼心肺功能的目的。通常而言,运动强度常用心率作为其量化的指标,它是实施运动处方的关键参考数值。一般运动强度心率控制在 145~150 次/分钟,运动时间不少于 5 分钟,一般在 15~20 分钟为宜,这时有氧呼吸成为运动过程中提供能量的主要方式。有氧运动可以增加肺的通气量,改善肺泡对氧的摄入能力,增强心肌收缩能力,加强心脏的泵血能力,加快血液运输氧的效率,由此促进心肺功能。有氧运动应采取的强度因锻炼个体的体质不同而不同,因此在进行有氧运动时应选择适合自己的运动方式,以自我感觉能够接受的强度进行锻炼,不可盲从,否则运动强度过大,机体则以无氧呼吸供能为主,影响锻炼效果。

知识链接 2–1

长期坚持适宜的体育锻炼,可使心脏的质量和体积增大、搏动有力,使动脉管壁中膜增厚,弹性纤维增粗和平滑肌体积增大,血管壁的弹性增强,有利于血液流动。

长期参加健美操运动,可以使心肌纤维增粗、心壁增厚、心脏质量和容积增大,心肌收缩力量增强,耗氧量降低,氧利用效率提高,还可以使 ATP 酶活性增强,对钙离子的摄取和释放速度加快,促进心肌收缩和舒张,使每搏输出量增加,从而提高供血能力,为全身输送更多的氧和营养物质,促进人体新陈代谢,减少脂肪沉积,延缓血管硬化。

经常参加健美操运动还能使心肌糖原储量增加、糖原分解酶活性增强;脂肪(甘油三酯)转化速度加快。同时,在参加健美操运动时,冠状动脉的血流量成倍增加,有利于各器官组织的新陈代谢。

三、健美操运动对身体运动素质的影响

(一)健美操运动与肌肉力量

1. 肌肉力量对健康的影响

肌肉力量的大小决定运动成绩的好坏已是广泛的共识,但肌肉的强壮与健康的关系却鲜为人知。导致人体脂肪含量增加与体重上升的重要因素之一是基础代谢能力的下降,而人体肌肉的总量与基础代谢能力的高低有着直接的关系。有研究证明,在体重相同的情况下,肌肉含量多的人基础代谢率也较高,每天可以消耗掉更多的脂肪。所以脂肪含量多的人每天又会储存较肌肉含量多的人更多的脂肪,形成恶性循环,脂肪比例的增加给人体健康所带来的不利影响是众所周知的。因此,减肥之风盛行,许多人用药物抑制脂肪的增加,更有甚者不惜虐待自己而用过度节食的办法来减少能量的摄入。这样的方式极不利于人体健康,而且药物减肥和过度的节食还会引发各种疾病,造成营养不良、皮肤松弛、衰老加速等,与健康的愿望背道而驰。

2. 健美操运动对肌肉力量的影响

人的力量有很多种,分类标准如表 2-1 所示。

表 2-1 力量的分类

按力量相对关系分类	按表现形式分类	按肌肉的工作方法分类
绝对力量	速度力量	静力性力量
相对力量	耐力力量	动力性力量

人体的各种运动都是通过肌肉的收缩和舒张驱动骨骼与关节的活动来实现的,肌肉与骨骼由肌腱连接。每块肌肉是由许多条肌束构成的,肌束又是由许多条肌丝组成的。肌肉的收缩正是通过肌丝的相互滑动来实现的,肌丝相互重叠部分的增加表现为收缩,重叠的部分减少则表现为舒张。肌肉的收缩是一个能

量消耗的过程。

肌肉力量的增加主要是通过锻炼来实现的。在健美操练习中,练习者要不断地变化上肢、下肢动作,而每完成一个动作都要涉及很多块肌肉,凡是一个动作所涉及的肌肉都要经过收缩与舒张两个阶段。一套三分钟左右的大众健美操练习,仅前半部分的操化练习就有 32 个八拍的动作,这些动作如要求一拍一动,这样就要完成 264 个不同的动作,每一个动作都需要肌肉的收缩和舒张,所以在健美操练习中肌肉得到反复的锻炼。

除此之外,肌肉的主动收缩与舒张会对附近的血管给予反复的挤压、扩张,这种作用会帮助血液在血管中的流动,增加了肌肉中的血流量,从而加速带走肌肉新陈代谢的废物,输送更多的氧和养料。长此以往,就会使肌纤维中的蛋白质增加,使肌肉变得粗壮有力,提高肌肉的质量,使肌肉收缩时的速度力量大大增强,不但有利于健美操技术水平的提高,更有利于健康。

> **知识链接 2-2**
>
> 体育运动对肌肉形态结构的影响:
> 1. 促使肌肉体积增大。
> 2. 促使肌纤维中线粒体数目增多、体积增大。
> 3. 引起肌肉内化学成分的有利变化。

3. 实施力量练习的运动处方(表 2-2)

表 2-2 实施力量练习的运动处方

练习方法	主要练习部位	练习次数/次	练习组数/组
俯卧撑	肱二头肌	15~30	3
坐姿水平飞鸟	胸大肌	15~30	3
坐姿胸部推举	胸大肌	15~30	3
坐姿肩部推举	三角肌	15~30	3
坐姿下拉	背阔肌	15~30	3
坐姿划船	斜方肌	15~30	3
仰卧收腹	腹直肌	15~30	3
坐姿腿伸展	股四头肌	15~30	3
坐姿举腿	股四头肌	15~30	3
俯卧大腿弯举	股二头肌	15~30	3

(二)健美操运动与机体的柔韧性

1. 柔韧性对健康的影响

柔韧性是指身体各个关节的活动幅度以及跨过关节的韧带、肌腱、肌肉、皮肤和其他组织的弹性和伸展能力。柔韧性包括两方面的含义:一是关节活动幅度的大小,二是跨过关节的韧带、肌腱和肌肉等软组织的伸展性。关节的活动幅度主要取决于关节本身的结构,关节的结构不同,柔韧性也有差别。关节的骨结构是不能改变的,但跨过关节的韧带、肌腱和肌肉等软组织的伸展性则可以通过合理的训练得以提高。

人体的主要关节有肩、肘、腕、髋、膝、踝、脊柱等。柔韧性的锻炼就是针对上述各关节灵活性的练习。对于一个健康的人而言,全身能够自由灵活地做出各种动作,必须要具备基本的柔韧性。如关节炎患者的一个关节失去了其正常的功能,一动就痛,因此活动受到限制,连正常运动也受到阻碍,健康受到的损害由此表现在柔韧性受到的损害,这说明柔韧性也应该是健康的一个重要影响因素。

2. 健美操运动对柔韧性的影响

柔韧素质在健美操运动中表现得尤其突出,练习者柔韧素质差,将会影响动作的掌握,不利于学习动作,甚至达不到动作技能的基本要求。发展柔韧素质对健美操练习者掌握正确的动作技术,提高其他身体素质,完美完成健美操动作以及防止伤害事故的发生都有着重要意义。

健美操运动对全身的柔韧性都会有明显的改善。例如,在健美操练习中经常有手臂直臂上举的动作,这会使肩部柔韧性得到改善。起初多数练习者的手臂只能举到耳朵前面,经过多次压肩练习和上举动作在组合练习中的强化,练习者的手臂会慢慢地经过耳侧最后能举到耳后;对下肢柔韧性的影响更加明显,在健美操的下肢动作中经常会有踢腿动作,这对膝关节和髋关节处的柔韧性起到明显的改善作用,初学健美操者在做直腿踢腿时,一般都不会超过90°,随着健美操练习的深入,练习者在踢腿的高度上明显改善。

3. 发展柔韧素质的运动处方(表2-3)

表2-3 发展柔韧素质的运动处方

训练部位	训练方法		训练部位	训练方法	
颈部	头部绕环		髋关节	左右转髋跳	
肩关节	单人练习	直屈臂绕环	腕关节	单人练习	压指练习
	双人练习	双人压肩		双人练习	双人互拉
	利用器械	压肩		利用器械	腕旋转

续表

训练部位	训练方法	训练部位	训练方法
肘关节	小臂绕环	脊柱	双人体侧屈
膝关节	双腿屈伸	腰腹部	弓箭步转腰压腿
踝关节	脚绕环	腿部	纵叉

（三）健美操运动与机体的灵敏性

1. 灵敏性对健康的影响

灵敏性是评价身体素质好坏的一项重要指标。灵敏性是大脑分析能力与对机体的控制能力高度发展的集中体现，它与脑和神经内生物电化学信号的传导速度有很大关系。对灵敏性产生影响的生理因素有：大脑皮质神经过程的灵活性，运动分析器的功能，前庭分析器的机能等。

> **知识链接 2-3**
>
> 由简单到复杂活动的完成，实际上是人体各器官、系统相互协调地进行复杂的功能活动的结果，而这种复杂功能活动又依赖于神经系统的支配和调节。

一个人的灵敏性，表现为外界条件突然发生变化时，能否迅速对其作出准确的判断，并在最短的时间内作出反应的能力。这种能力取决于人体运动分析器感应外界刺激后反应的速度，传导的灵活性、快速性和准确性以及肌肉收缩的协调性与节奏性，这些都是影响灵敏素质的重要因素。能够熟练而准确地完成某一动作，是某一支配运动器官的神经中枢被反复刺激的结果，也是神经中枢综合分析能力高度完善的结果。也就是说要使一个动作迅速而准确地完成，须经过反复的练习。练习的次数越多，动作也就越熟练，技术运用也就越自如，越有表现力，从而也表现出较高的灵敏素质。

具有良好灵敏素质的人其神经系统的感应、效应功能也处于较高水平，而且其运动器官也具有良好的控制力和工作能力。良好的反应速度带来工作效率的提高，面对一些突发事件（火灾、地震等），良好的灵敏性能帮助我们化险为夷。

一个从少年时期利用体育锻炼接受灵敏性训练的人，到了中年和老年时期同样能在同龄人中保持较高的灵敏性水平。而在中老年时期灵敏性差的人，其神经系统反应迟钝，易出现精神不振、反应迟缓、动作不协调、身体易失控的现象。因此不难看出,灵敏的反应能力会使人保持健康向上、青春永驻的精神状态。

2. 健美操运动对灵敏性的影响

灵敏素质的好坏不是与生俱来的,需要在长时间的运动锻炼中,通过对神经系统的反复刺激才能逐步提高对空间和时间感觉的能力,从而提高自身的灵敏性。同时灵敏性的提高与肌肉力量的提高也有着密不可分的关系,而且不同项目中的灵敏性表现并不完全等同,比如一个优秀的篮球或排球运动员,在其从事的运动中表现出了良好的灵敏性,但让其进行健美操练习,就不一定协调,甚至是动作僵硬。

一般地说,灵敏素质的提高与年龄有很大的关系,灵敏性提高的速度与幅度随年龄的增大而减小。其中,少年儿童时期是神经系统发育最快的时期,也是提高灵敏性的黄金时期。而青年阶段同样具有一定的潜力,因此,在大学生中开展健美操运动的教学对提高在校大学生的灵敏素质有相当大的促进作用。

3. 提高灵敏性的健美操练习方法

在健美操运动中,发展灵敏素质的目的,就是为了提高健美操运动练习者在时空急剧变化的条件下能够迅速表现出对动作的准确判断、灵活应变、快速敏捷的反应速度、高度的自我操控能力以及迅速改变身体某部位运动方向的能力,使已有的身体素质充分、有效地运用到健美操训练的实践中去,而且还可以防止伤害事故的发生。发展灵敏素质可采用以下手段:

(1) 在动作练习中做各种复杂组合练习。

(2) 加快音乐的节奏进行组合动作或是成套动作练习。

(3) 进行一拍一动的非重复性动作组合练习。

(4) 限制完成动作的空间练习,如加大动作幅度。

第二节　健美操运动与心理健康

一、心理健康的标准

(一) 心理健康的含义

心理健康是一个极其复杂的动态过程,涉及人的生理遗传、生活环境和社会环境等一系列错综复杂的变化。心理健康是个体健康的指标之一,它是个体能够持续对环境作出良好适应,并能保持旺盛的生命力,充分发挥身体潜能的心理状态和心理适应能力。

（二）心理健康的标准

1. 世界卫生组织（WHO）提出的心理健康标准

（1）具有健康心理的人，人格是完整的，自我感觉是良好的，情绪是稳定的，且积极情绪多于消极情绪；有较好的自我控制能力，能保持心理平衡；自尊、自信、自爱，而且有自知之明。

（2）一个人在自己所处的环境中，有充分的安全感，能保持正常的人际关系，能受到别人的欢迎和信任。

（3）心理健康的人，对未来有明确的生活目标，有理想和事业上的追求，并能脚踏实地、不断地进取。

2. 我国的心理健康标准

（1）对自己有正确的认识和恰当的评价。

（2）正视现实并对现实环境有良好的适应能力。

（3）人际关系和谐。

（4）热爱生活，献身事业。

（5）保持健全的人格。

（6）能协调情绪，保持良好的心境。

尽管心理健康的评价标准不尽一致，但是在正常的认知能力、稳定的情绪、健全的个性、良好的人际关系、充足的自信心和耐受力等方面，大家的认识已基本统一。

（三）培养健康的心理

我们确定健康心理的标准或分析一个人的心理活动是否符合心理健康的标准相对而言是容易的，然而培养一个人的健康心理却是十分困难的。所以在关注心理健康过程的同时，关注如何培养或是说通过什么措施培养并保持人的心理健康，是十分必要的。

1. 树立正确的人生观是保持健康心理的基础

一个人能否以乐观进取的人生态度面对社会和人生，决定着他的人生目的、人生价值。生活在现实社会，不可能出现世外桃源的情景，一个个接踵而来的残酷现实、一件件不公的社会问题、一次次的希望与失望……都是每个人无法回避的。应以乐观进取的人生态度，冷静思考自身所处的环境及周围所发生的事情，理智应对，把眼光从"自我"移向社会，按照社会的现实要求和一般处事方法来学习和生活。通过增强竞争意识，提高竞争能力，扩大社会视野，丰富社会阅历，主动、自如地适应社会，保持正常的心态，避免心理的失衡。

2. 形成正确的理想观是培养健康心理的保障

理想是人生的动力源泉和精神支柱。崇高的理想，可以点燃人的激情，激发人的才智,发挥人的潜能和价值。一个人追求的目标越高,他的才能就发挥得越快,对社会就越有益,我确信这也是真理。高尔基的这段名言是对理想作用的精辟概括,闪烁着真理性的光辉。有了崇高的理想,会使人在黑暗中看到光明,在平凡中看到伟大,在困难挫折面前充满信心,在暂时失败中坚信胜利,使人执着、笃行。

3. 具备良好的人际交往能力是培养健康心理的有效途径

人际交往是一种以个人为对象,彼此联络感情,协调关系,寻求心理需求满足的活动方式和活动过程。纷繁复杂的人类社会是人际关系耦合的网络系统,而人际交往是将个人与个人、个人与群体联结成社会网络必不可少的纽带。正常的人际交往可以获得他人的支持和帮助,可以调剂失望的痛苦和悲伤,可以驱散心灵的迷茫和仇恨。所以,不断提高个人的人际交往能力是培养健康心理的有效途径。

4. 掌握一定的心理学知识,提高自控能力

通过学习掌握一定的心理学知识,懂得心理健康的理论,努力培养自己健康的心理,培养坚定、顽强、乐观、开朗的性格,调节控制自己的情绪、情感,注意保持心理健康。

5. 正确对待挫折,增强挫折耐受力

古人云:人生挫折十有八九。这充分说明了在个人的生活旅途中,挫折的概率较大。如果过高估计自己的优势,盲目乐观,对遭受挫折的适应能力较差,就特别容易造成心理障碍。所以,面对挫折,要保持清醒的头脑,调动自己的心理防御机制,缓解和排除因挫折引起的不良情绪的困扰,以减少内心的痛苦,恢复心态的平衡与稳定。

6. 积极参加体育活动,增强身体素质

身体是心理的载体,健康的心理寓于健康的身体之中,健康的身体是保持健康心理的物质前提和保证;反之,生理疾病带来的痛苦则会影响人的心理健康,造成人的情绪情感低落、消沉、冷漠。当然,心理疾病也会导致身体疾病的发生。人的心理和人的生理是相互影响、相互作用的。

知识链接 2-4

身体的消瘦往往与心理因素有关,焦虑、担心、不顺心等都可能是突然消瘦的原因,此外,脑垂体功能紊乱或内分泌系统紊乱也可能是身体消瘦的原因。

二、健美操运动与心理健康

（一）健美操运动的健心作用

健美操运动之所以受到大学生的普遍青睐，是因为这项运动不仅可以促进生长发育、增强体质、增进身体健康，而且还具有其他项目所不具备的优势：健美操运动的音乐具有明显的节奏和韵律感，使人产生优美、欢快和激奋的情绪；健美操运动符合大学生追求轻松、活泼气氛的心理特点。德国史学家诺伊恩道夫认为"身体运动来自人类的两个根源性冲动，既生存竞争和身体运动的快乐。"我们可以理解为：健美操运动能使人快乐，人们为了快乐而运动。

经常从事健美操运动的人可以承受较大的刺激和精神压力。研究证明：长期坚持中、小强度的健美操运动，能缓解精神压力，消除焦虑，治疗抑郁，运动锻炼不会使抑郁症状复杂化，没有其他心理方面的副作用，是一种安全地对付抑郁的康复手段。凯恩1993年对1 750名心理医生做调查，有60%的人认为应将身体活动作为一种治疗手段来消除焦虑，有80%的人认为身体活动是治疗抑郁症的有效手段之一。健美操运动在抗抑郁方面有什么样的效果呢？研究者认为，首先是这项运动对中枢神经系统有良好的影响，健美操运动能提高神经过程的强度，使大脑皮质兴奋性提高，注意力集中，表现出肌肉力量大、运动能力强等特征；另外，从事健美操运动可使神经过程的兴奋和抑制更为平衡，中枢神经系统的协调能力增强，可有效地预防各种神经性疾病，消除因用脑过度而引起的各种疲劳，缓解人体紧张情绪，提高生命活力，从而使人体可以承受更大的刺激和压力。

健美操运动也十分有助于自信心的培养。一个人有无自信心是十分重要的。缺乏自信心，怀疑自己的能力，害怕失败，遇事总是消极对待，放弃努力，这样的人很难品尝成功的甘果和胜利的欢乐。所以说自信心是个体获得成功的基本保证。健美操运动是表演性和观赏性极强的运动项目，它有两种基本运动形式：一是练习或演习，二是竞赛。无论哪种形式都会使参与者经常享受成功和胜利的欢乐。当一个人对着镜子练习时，看见自己在音乐的伴奏下尽情跳动，或是在众人面前倾心表演，这无疑会增强一个人的自信心。自信心不仅仅在成功时才有，在失败中也可培养和形成。如一次比赛的失利，常会使参与者既看到了自己的不足，也找到了对手的薄弱环节，从而坚定了战而胜之的信心。

（二）健美操运动与情商培养

情商是指人对情绪的表达和处理能力，情商是情绪的智力，是个人在情绪方面的整体管理能力的一种综合概念。

情感与情商是人对客观现实态度的体验，也是心理健康标准的一个方面。

人生活在错综复杂的社会中,经常会产生忧郁、紧张等情绪反应。健美操运动不仅可以转移不愉快的情绪、情感,使人从烦恼和痛苦中摆脱出来,还可以使不良的情绪得到宣泄。当人在受到某种挫折时,在大脑里会形成一种强刺激,从而使人陷入痛苦和懊丧之中,参加健美操运动可以使人从不良情绪中转移出来。也就是说,人在进行健美操运动时往往只注意身体动作的变化,做着一个动作想着下一个动作,把烦恼抛到脑后。这时,健美操运动起到转移注意力的作用,有益于大脑活动的调节。同时,健美操运动还能增加人际交往,改变孤独、忧郁、自卑等心态,使整个神经系统得到调解,从而维护心理健康。

(三) 健美操运动与智力发展

大学时代是人智力、体力发展的最佳时期,是一生最宝贵的时光。这一时期,人的身心发展达到一个新的水平,科学认识能力增强,理论思维迅速发展;主动思考能力提高,创新意识活跃。

健美操运动能够提高智力。人的智力依赖于大脑和中枢神经系统的机能。良好的体质,特别是良好的神经系统,是智力发展的物质基础。健美操运动是有氧运动,能保证大脑的能源物质和氧气供应充足,使大脑神经细胞发育健全。大脑神经细胞的分区和突起增多,有利于接受更多的信息。其次,健美操运动最大的特点是动作变化快。动作受大脑的支配,所以健美操运动的练习总是伴随着复杂的智力活动,给大脑和神经系统提供各种刺激信息,这有利于大脑皮质活动的强度、协调性和灵活性的提高,可以培养敏锐的感知能力、良好的注意力和记忆力。另外,从事健美操运动可以使体内各种酶的活性增强,血糖水平增高,有利于快速消除疲劳,使人头脑清醒,思维敏捷,精神焕发。

健美操运动能够激发创造力。创造是一种表象活动,是通过感知而获得的自律性行为,创造是人发展的因素,可以说是人类的根本需要,正是有了这种需要,人类才创造出文化。健美操运动在科学基础上崇尚创新,这一点可以从动作编排、队形变化以及音乐的选择等方面表现出来。

(四) 健美操运动可以丰富人的情感体验

情绪情感是人对于客观事物是否符合个人需要而产生的态度体验,情绪具有两极性。情绪的两极性可表现为它有肯定的和否定的对立性质,也可以表现为积极的和消极的两个方面。情绪的两极性是相辅相成的,没有爱,就没有恨,没有紧张,就无所谓放松。心智和肢体之间是密切联系的,心智无时不与肢体活动伴随存在,焦虑、精神持续紧张和身体缺乏运动是现代人不可避免的事实,从事健美操运动是克服这种不良定势的理想方式。一方面健美操运动不会损害人的自然性,身体通过这种最自由的运动,可以培养良好情绪和消除精神的疲劳。另一方面健美操运动的多样性,运动竞赛的公平性,都会给人以多种多样的刺激,从而丰富人的情感体验,并且刺激越丰富,情感体验就越多、越强烈、越复杂,这也是健美操运动的魅力所在。

(五)健美操运动促进意志品质的改善

健美操运动是一项富于美和表现美的运动项目,可以在运动中得到美的体验,培养自己的审美意识和对美的感受能力,展现自身高雅的气质。健美操运动使人在运动中肯定自己、赞美自己、吸纳自己、愉悦自己。虽然健美操运动在表现形式上是非功利性的,但在活动中却潜伏着广泛的社会功利性,能满足人的某些社会需要和精神需要。健美操运动是把人类美的思想情感通过身体运动表达出来的一种艺术,是一种艺术化的体育。健美操运动不仅能增强体质、塑造美的形体,还能发展人的创造能力,丰富他人的精神世界。锻炼和培养人的意志品质和进取精神。在练习健美操的过程中,练习者可以获得丰富的技能知识,学会如何展示自我,在掌握了具有一定难度的动作和技巧后,个体能够发现自身在体力、技能方面的优势和不足,进而逐渐建立起攻克困难、达到目标的信心和勇气。

(六)健美操运动可以抵御心理障碍

人们在对自己的工作或学习进行选择时,很大程度上是自主的,即自由的。然而在实际操作过程中,多数人都要受社会、学校、单位的约束。而在健美操运动过程中,人们可以得到很大程度的发挥,主要表现在:

(1)音乐选择。练习者可以根据自己的需要选择伴奏的音乐,如果练习者心情抑郁,欢快的音乐可以刺激人的神经中枢,使人兴奋;如果练习者处于亢奋、焦虑状态,优雅舒缓的音乐可以平息不安的情绪。

(2)动作选择。健美操运动动作有极广泛的选择范围,个体可以根据自身的状况、水平和喜好,选择不同风格、难度的动作,满足自身的需求。如果喜欢清静,可以一个人"细斟慢饮"细细品味健美操运动带给自己身体精神上的快感和美感;如果感到人少孤单,可以呼朋唤友,一起尽兴挥洒汗水……

因此,多种多样的健美操运动活动,能够减少病态心理,扫除心理障碍。

第三节 健美操运动与社会适应能力

一、健美操运动可以培养适应社会需要的价值观

价值观念是文化观念的核心,也是文化精神的集中体现,它是指人们对社会经济活动的价值判断或价值取向。

当前我国社会转型和深刻变革引起社会利益结构的变化,给人们思想观念带来了猛烈冲击,大学生价值观念因此而产生新的变化:价值观核心由社会本位

向个人本位偏移,价值目标由理想主义向现实主义转变,价值信仰由一元主导向多元并存发展,价值取向由单一型向多样化发展,价值评价标准由内在精神型转向外在功利型,价值实现的途径由外控取向转向内控取向。

但是理解和肯定大学生的价值观念在现在历史条件下的变化,并不是说无可忧虑了。事实上,全面认识和分析大学生价值观念的变化,就会发现一些不容乐观的问题。如:在大学生"自我意识"强化过程中,"个人主义"、狭隘的"功利主义"的影响不可忽视;当代大学生存在着信仰迷失、人格解体的反传统、反文化的虚无主义心态等。为此,有必要加强对大学生的引导,帮助他们树立正确的世界观、人生观和道德观;加强大学生的思想政治教育工作,及时了解他们的思想动态,了解他们的需求、困惑和苦闷,及时与他们沟通并予以解决。同时,还需要创造一个有利于大学生健康成长的社会环境。

健美操练习和比赛人人都可以参与,它不分国界、年龄、性别以及职位的高低,它构建了一个平等的,使每一个人都乐于接受,并能融入其中的模式。它处处体现着人与人的平等和在参与中夺取胜利机会的均等性。

"世间自有公道,付出终有回报",大到健美操健儿赛场上为国争光,小到健美操练习者为学校、班集体争取荣誉,无不体现通过认真练习、刻苦锻炼后才能获得较好成绩的精神。健美操付出与收获上的因果关系最能直接地使人们领悟到成功的喜悦是平日努力的结果,辛勤的汗水铸成辉煌的成就,能使练习者树立拼搏进取的正确人生观。

正因如此,学生在从事健美操练习中,能够形成良好的价值取向。所以,积极主动地参与健美操练习能有效地形成和提高人们适应社会的价值观。

二、健美操运动有助于强化学生的规范意识

这里所说的规范,主要指与学生体育行为有关的各种规范,包括健美操规则和其他约定俗成的各种体育规范。这种规范的活动是健美操比赛的条件,因而只要学生一旦参加到健美操运动中去,他们就不可避免地受到规范的约束,在规则、裁判或舆论等约束下,学生的规范意识会逐渐增强,会逐渐学会在规范的约束下进行练习和比赛。由于健美操练习中形成的规范意识有助于学生一般行为规范意识的形成,这就使得健美操练习对学生的社会化进程具有重要的意义,从而有助于学生法制观念的形成。

三、健美操运动促进协作意识和协作能力的形成

1. 健美操运动对协作意识的影响

协作意识是体育意识的基本内容之一,也是健美操运动的基本内容之一,协

作即协同配合、齐心协力。健美操运动包括单人项目和集体项目。在集体项目中,坚强集体的力量是巨大的,而坚强集体的形成和保持,则取决于每一个成员是否具有强烈的协作意识和群体精神。健美操运动集体项目的特点,为培养学生的协作意识和群体精神提供了有利条件。不论是个人参赛,还是以团体比赛,都需要集体力量,都需要协作。然而,协作意识并不是一朝一夕形成的。运动员必须在健美操运动的教学、练习、竞赛等活动有机结合的过程中,不断磨炼,在潜移默化的过程中,逐步培养与增强这种协作意识,并使之"生活化",融入到工作学习之中,改善其社会适应性。

2. 健美操运动能够促进协作能力的提高

良好的能力是现代社会对于人的一项基本要求。其中的协作能力要求一个人用有限的精力和时间,去完成无限的工作或事业。目前各学科既高度分化,又相互渗透;既高度综合,又纵横交错。在这种情况下,科学研究成果也趋向于学科交叉的方向。因此,每一位参与者必须具备与他人协作的能力。

健美操运动一般是在群体中实施的,有其明显的特殊交往方式,可以培养锻炼者的协同配合能力、待人接物能力以及豁达坦荡的心胸和"忍辱负重"的风范。在这些人际交往中的协作是人们走向未来成功的阶梯。

四、健美操运动是培养人们胜任社会角色的有效途径

在社会结构中,需要有各司其职的多种特定权利、义务和行为规范的人员组成。每一个社会角色,都代表着有关的行为期望与规范。健美操运动的场合,恰好能为人们学习社会角色提供优越的环境与适宜的条件,可为人们提供尝试社会角色的各种机会。

所谓健美操运动中的角色是指个人在由参与健美操运动而结成的社会关系中所处的地位,这种地位有其权利、义务和相应的行为。例如,在健美操运动成套的托举中,每个人都处在自己所处的位置上,通过与该位置相适应的角色行为而产生相互的社会关系。另外,权利与义务又伴随着行为过程而发生。所以这个权利、义务与行为的总体构成了指定的角色。在参与健美操运动中而结成的社会关系中,每个角色都有获胜与受嘉奖的权利和按照规则采取技术动作行为的权利。同时也有遵守体育规范、道德规范和技术规范的义务。同时,群体内的每个角色或位置,又是相互关联的。群体的目标实现,是以每个成员的能力被群体成员接受为前提的,也是以检验和督促每个角色能力的提高为条件的,从而,使得每个成员在群体角色的相互关联中获得信赖,并决定每个角色的地位。

通过角色的学习,可以使参与者懂得社会角色是与人们的某种社会地位、身份相一致的一整套权利、义务的规范与行为模式,也可使参与者体会到经过个人

努力是可以成功扮演各种角色的,从而明白人的主观努力是改变社会地位的重要手段。

五、健美操运动可促进良好人际关系的形成

社会学家们曾研究指出,影响人际关系改善的主要因素有沟通能力、对身体语言的理解和使用能力、自我意识水平和移情能力等。而健美操锻炼又恰恰对影响人际关系改善的主要因素具有直接作用。所以,应当重视采用科学的体育锻炼方式来培养和提高人际交往能力。

(一) 健美操运动可提高人的沟通能力

一个人与他人沟通关系的状况,是生活品质的最主要的方面。生活的丰富、事业的成功,与别人建立和维持稳定的情感关系,都离不开沟通。试想,一个不具有沟通能力的人,怎么能与他人交流思想、交流感情呢?一个不具备准确表达个人意愿和意图的人,又怎能让对方给予充分的理解和支持呢?健美操运动能够在使人具备沟通能力,掌握沟通方式方面起到重要的作用。

由于健美操运动的特殊性,每一个动作技术,都是在教师的讲解示范中传授和参与者在练习实践中学到的。因此,在健美操技术运动中,时时存在着对技术动作纠正的沟通,处处存在着在练习中自我完善的沟通,同时还存在着相互配合的默契沟通。这种沟通不仅具有直观性、及时性和准确性,而且也是主动性沟通、注意力集中沟通和信息交流充分性沟通的典型体现。所以,经常参与健美操运动,能够提高人的沟通能力,形成良好的人际关系。

(二) 健美操运动可增强对肢体语言的理解和使用能力

身体语言是沟通的有效方式之一,是社交过程中必须具备的能力。我们可以从不同的身体姿势所代表的含义中,去理解对方的寓意,也可以通过肢体语言向对方表达自己内心真实的感情。缺少了肢体语言的沟通能力,我们不仅可能将对方的肢体语言表达置若罔闻,使信息发出者得不到应有的反馈信息,失去一次又一次的沟通机会,而且,也有可能让别人从你身上找不到代表情感的表达,使人感到你是一个感情淡漠、不易接近的人。

(三) 健美操运动可改善自我意识水平和社交能力

自我意识水平在人际关系中的制约作用是具有针对性的,尤其在现代社会中人与人之间往往表现得非常含蓄。特别是当一个人的社会地位越来越高时,更有可能得不到有关自我的真正反馈,从而使其脱离真实世界,并导致自我意识水平越来越低,社交能力越来越弱。

健美操运动,属于集体性活动项目,经常参加健美操运动,可以使每个队员在其担当的角色中,与同伴积极协作和默契配合。教师或教练的评价是阶段性

的,观众的评说又带有滞后性,随时随地感受自我意识的体会,就成了自己改进动作技术的主要依据。通过健美操运动所形成的自我意识行为,将这种能力运用到社会交往中,就可以了解自己的真实面目,辨别他人对自己评价的真伪情况,提高自身的社会交往能力。

思考题

1. 健美操运动对身体健康产生哪些积极影响?
2. 健美操运动怎样促进人的心理健康?
3. 怎样有意识地利用健美操运动提高自己的社会适应能力?
4. 你想用健美操运动来提高自己的身心健康吗?那你准备采用一些什么样的锻炼方法?

第三章　健美操运动的起源与发展

章前导言

　　世界健美操运动引导的一体化和信息科技的发展将促进健美操运动的交流与普及，健美操运动从它诞生起就表现了强大的生命力。本章主要介绍健美操运动的起源和发展，使学生了解健美操运动的发展过程。

学习目标

1. 了解健美操运动的分类。
2. 了解健美操运动的起源与发展。
3. 掌握健美操运动的发展趋势。
4. 了解我国健美操运动的发展。

关键词

健美操运动　分类　特点　起源与发展

第一节 健美操运动的概念、分类、特点

一、健美操运动的概念

健美操运动源于英文的"aerobics",意思是"有氧运动"、"有氧舞蹈",它是在音乐伴奏下,以操化动作为练习手段,以有氧运动为基础,以追求身心健康、塑造形体和娱乐为目的的新兴体育运动项目。为达到健美操运动的锻炼效果,练习者一般每周要锻炼 3~5 次,每次要进行连续不断的 12 分钟以上的练习,练习强度保持在最大心率的 60%~85%,即:(220-年龄)×(60%~85%)。

二、健美操运动的分类

健美操运动是一项深受广大群众喜爱的、普及性极强的,集体操、舞蹈、音乐、健身、娱乐于一体的体育项目。根据不同的分类标准,健美操运动可以分为以下形式(表 3-1):

表 3-1 不同分类标准的健美操运动的分类形式

分类标准	分类形式
练习的主要目的和任务	健身健美操、表演健美操、竞技健美操
练习形式	徒手健美操、持轻器械健美操和利用专门健美器械进行练习的健美操
练习者的性别特征	女子健美操和男子健美操
练习者的年龄特征	幼儿健美操、儿童健美操、少年健美操、青年健美操、中年健美操和老年健美操
人体解剖结构特征	颈部健美操、肩部健美操、臂部健美操、胸部健美操、腰腹健美操、髋部健美操、腿部健美操、足踝健美操
动作的内容特征	形体健美操、姿态健美操、跑跳健美操、垫面健美操
健美操的风格	一般健美操、爵士风格健美操、踏板风格健美操、搏击风格健美操、瑜伽风格健美操

在我国,人们习惯性的将健美操运动习惯性依据练习的主要目的和任务进行分类,即分为健身健美操、竞技健美操、表演健美操。

1. 健身健美操

健身健美操以增进健康,提高有氧代谢能力,塑造健美形体,娱乐身心为目的。健身健美操的运动强度适中,以有氧代谢为主,动作简单,具有重复性,便于掌握,对场地的要求不高,几乎适合所有年龄层次的人群练习。一套健身健美操编排时间可在 3 分钟到 1 小时之间,例如,我国的大众健身健美操编排时间一般在 3 分钟到 3.5 分钟之间,而日本的健身健美操一般在 1 小时左右。音乐速度为 24~26 拍/10 秒,练习者可以根据自己对动作的掌握熟练程度来调整音乐演播速度。健身健美操的每个动作组合中一般要包含 4~5 个基本步伐,配合一定的手臂动作和路线变化,并具有一定的力量练习动作,难度一般。它可以徒手练习,也可以借助轻器械练习,不仅可以在专门的健身房练习,还可以在家中练习。

2. 竞技健美操

竞技健美操是在健身健美操的基础上发展而来的,大多以竞技性比赛作为主要目的。世界各级各类竞技健美操大赛的成功举办,为健美操运动的快速发展和广泛传播起了不可替代的作用。

竞技健美操具有较高的运动强度,动作复杂多变、动作幅度较大,而重复次数较少。成套动作时间为 1 分钟 45 秒,有加减 5 秒的宽容度,音乐演播速度为 26~28 拍/10 秒。在比赛中,选手要完成连续复杂的高强度动作组合,在一套比赛动作中要包括健美操的踏步、弓步跳、开合跳、吸腿跳、踢腿跳、后踢腿跳、弹踢腿跳 7 种步伐组合,还要包括 A 组难度动作——动力性力量(俯卧撑、旋腿、分切、直升飞机与开普)、B 组难度动作——静力性力量(支撑与水平)、C 组难度动作——跳与跃、D 组难度动作——平衡与柔韧等;比赛场地要用宽 5 厘米的白色标志带圈定,带宽包括在场地面积之内。场内地面为地板或地毯,男子 3 人、女子 3 人、混合 6 人为 10 米×10 米的场地;男子单人、女子单人、混合双人为 7 米×7 米的场地。

世界性的竞技健美操大赛主要包括:健美操世界锦标赛、世界健美操冠军赛、健美操世界杯赛;我国正式的竞技健美操比赛有:全国青少年锦标赛、全国健美操冠军赛、全国健美操锦标赛。

3. 表演健美操

表演健美操以演出表演为目的,是我国所特有的。它的运动强度介于健身健美操和竞技健美操之间,音乐演播速度可以根据需要调整,动作重复较少,成套的表演健身操一般在 3~5 分钟,为了表现舞台效果,表演健美操有一定的化妆要求,表演人数不限,队形变换较多,还具有一定的风格,如爵士风格、搏击风格等。

三、健美操运动的特点

1. 强力的节奏性

健美操运动是在节奏鲜明、曲调优美、热情奔放、欢快强劲的音乐声中进行的,这种音乐富有感染力,给人以激情,使练习者情不自禁地跟随音乐的节奏进行运动。健美操运动的节奏除了音乐节奏外还包括运动强度、幅度、力度的节奏,在音乐节奏加快、加强的情况下健美操运动的动作节奏也加快,力度加强,表现为强度加大。即随着音乐的变化而变化。在表演健美操中,还会有色彩节奏的变化,包括灯光的强弱和色彩的浓淡节奏。

2. 高度的艺术性

健美操运动融入了爵士舞、拉丁舞、迪斯科等多种舞蹈动作,除了健美操表演者优美的舞姿,激情洋溢的动感音乐,还有一些表现柔韧、灵敏、力量、速度的难度动作,这些都给观众赏心悦目的感觉。健美操运动新颖的动作组合,爵士乐、摇滚乐、迪斯科等音乐的截取和编排,表演者奔放、动感和自信的表现,都表现了健美操运动特有的艺术感染力。健美操表演者在音乐的伴奏下,翩然起舞,使自己融入到了音乐的节奏和动感之中,可以满足自己表现美的欲望,在欣赏音乐中,通过对身体的控制,感受着自己的身体美。

3. 广泛的适应性

健美操运动具有广泛的适应性,一般的健美操练习对场地的要求比较低,一块面积不大的空场地即可,不像篮球、网球需要特殊的器械和场地,练习者足不出户,在自己家中就可以练习。健美操的练习节奏和动作幅度决定了它的运动强度,健美操的练习节奏可以随时控制,同一套健美操,练习者可以根据自己的需求自由选择音乐节奏;健美操的练习幅度可根据自身的体质状况自行掌控,身体健壮、精力旺盛的人可以进行大幅度的练习,反之则可进行小幅度的练习。健美操有其针对不同的年龄层次编排的动作组合和套路,可以满足从幼儿到老年各个年龄阶段的需求。健美操对场地的要求低,运动强度的可控制性,运动人群的普遍性,决定了其广泛的适应性。

第二节 健美操运动的起源与发展

一、健美操运动的起源

健美操运动的起源可以追溯到 2 000 年前的古希腊。那时候的古希腊人就开始崇尚人体美,他们喜欢采用跑跳、投掷、柔软体操和健美操舞蹈等体育项目进行人体美的锻炼,他们认为只有健美的人体才是最完美的,他们提出了"体操锻炼身体,音乐陶冶精神"的主张。

起源于印度的瑜伽其中包括大量的立、跪、坐、卧、弓步等动作,这些姿势与当前流行的健美操运动的一些姿势是一致的,古印度人对健身健美的追求也为健美操的起源奠定了基础。

有专家认为健美操运动是在"基本体操"的基础上发展起来的。瑞士教育学家雅克·科尔克罗兹和欣里希·梅道都曾创编过成套体操,并且开始在体操练习中播放音乐,让练习者跟随音乐的节奏参与练习。这被认为是健美操的雏形。

二、健美操运动的发展

"Aerobics"是健美操的英文翻译,原意是"有氧运动"、"有氧健美操"。它最早由美国著名群众体育专家 K.库彼尔(Kenneth Cooper)博士于 20 世纪 60 年代提出,到 70 年代中叶,随着 K.库彼尔博士《新有氧操》和《有氧体操有益于大众》等著作的出版和发售,有氧体操开始被美国甚至欧洲人民所了解。

首次出现的健美操书籍是 20 世纪 80 年代初世界影视明星简·方达根据自己的健身体验和体会编写并出版的《简·方达健美操》。简·方达是 20 世纪 70 年代的好莱坞电影明星,为了保持苗条的身材,她不断地寻找瘦身及维持体形的方法,首先她采用"节食"、"呕吐"的方法,后来使用可卡因,由于可卡因的副作用,她开始服用利尿剂,大量使用利尿剂造成了身体缺钾,引起了严重的肾衰竭,最后她喜欢上了通过体育锻炼来保持身材的方法。并且根据自己的亲身体验编写了《简·方达健美操》,被翻译成 19 种语言,远销世界各国。

20 世界 80 年代,简·方达成为健美操运动的代表人物,在她的带领下,健美操运动成为美国最流行的健身项目。健美操俱乐部、健美操中心如雨后春笋般蓬勃发展。健美操运动也在英、法等发达国家迅速发展,在苏联、波兰、保加利亚等国,健美操运动已列入大、中、小学的体育教学大纲。日本、菲律宾、中国、新加坡等国家也建有许多健美操活动中心及健身俱乐部,不仅有中青年喜爱的健美操运动,还有为孕妇、婴儿、老年人专门创编的健美操。在巴西就有接近 50 万的人参与这项运动,在阿根廷、智利、澳大利亚、新西兰,该运动同样普及并深受大众喜爱。人们都开始将健美操作为自己的主要健身方式,由此形成了世界范围内的"健美操热"。

健美操运动能够在世界范围内兴起并得到广泛地开展,其原因是多方面的。

首先,健美操运动的兴起和人们追求健康所掀起的健身热潮有关。随着社会的发展、科技的进步,尤其是 20 世纪 60 年代以来,信息产业、电子技术快速发展,人们的体力活动减少,脑力工作增加,工作环境更加舒适,生活水平明显提高,但同时也引发了一系列的健康危害,如肥胖、心血管疾病以及由于各种压力而引起的心理问题等。这使人们逐渐认识到"健康"的重要性,尤其是在一些发达国家,为了抵御这些健康危害,人们发明了多种多样的健身方法,越来越多的人加入到健身的行列中,各种健身活动均得到了广泛的开展,如跑步、打球、骑自行车等。健美操运动正是在这种大环境中产生并发展的。

其次,健美操运动本身的项目特点促进了自身的发展。健美操动作丰富、变化多样,其动作表现具有"健、力、美"的特征,包含较高的艺术性,因此不仅有很好的健身效果,还能够满足人们"爱美"的心理需要。同时,健美操练习还有音乐伴奏,其强烈的节奏令人兴奋,促人奋进,使人们在轻松、欢快的气氛中达到锻炼身体的目的。

另外,健美操运动所需的场地和器材简单、练习形式多样,适合各年龄层次的人群,这些也是健美操运动迅速发展的原因。

三、健美操运动的发展趋势

(一)健康意识的增强使健美操运动发展的前景更加广阔

随着社会的发展,科学技术的进步和生活水平的提高,人们的生活方式也发生了巨大的变化,大量的现代化工具代替了手工劳动,现代科技的发展使人类进入了脑力劳动的时代,体力劳动的时间不断减少,正在被由此而产生的"文明病"困扰着。人类已经意识到只有加强锻炼,才是最科学的健身方法。健美操运动作为一种时尚的、新兴的集音乐、舞蹈于一身的体育项目,使人们在锻炼中放松了身心,在娱乐中增强了健康,得到了大众的喜爱。

健美操运动在人们通过体育锻炼增强身体健康,缓解社会压力的全民运动的背景下产生,这为健美操运动自身的发展提供了广阔的前景。

(二)健美操运动强大的吸收能力使其自身种类更加多样

健美操运动强大的吸收能力使其与其他健身操及其舞蹈形式相结合,产生了各种类型的健美操。例如,健美操与拉丁、瑜伽、搏击、街舞相结合分别产生了拉丁健美操、瑜伽健美操、搏击健美操、街舞健美操。这些不同风格健美操的产生满足了不同健身者的需求,男孩喜欢街舞健美操和搏击健美操,女孩喜欢拉丁健美操、瑜伽健身操。要想使健美操在众多的体育项目中一直得到人们的亲赖,就必须不断地有所发展和创新,才能满足人们的需求。

(三)健美操练习的科学化程度将不断提高

健康需要运动,运动要讲科学,只有科学地进行体育锻炼,才能取得有效的锻炼效果。否则,不但浪费时间,而且还可能造成运动损伤。不同年龄阶段的练习者有适合各自年龄阶段的运动项目、运动强度,不同体质的人群需要制定不同的运动处方,只有进行适合自己体质年龄的体育锻炼,才能收到最佳的锻炼效果。

随着各高校体育学院研究院、健美操专业队、运动医学专业的成立,越来越多的健美操教授、运动医学博士投入到健美操科学锻炼的研究中,相信不久的将来,适合各种年龄阶段、各种体质的健美操运动处方将被制定出来,指导人们进行科学的锻炼,使健美操练习者达到锻炼的最佳效果。

21 世纪是信息时代,知识的传播速度已经达到了无法想象的地步,互联网的发展使人们很容易地获得各种信息,这将对世界健美操科学化的普及起到极大的促进作用。

四、国际健美操组织

目前世界上存在着众多的健美操协会组织,影响力较大且与我国联系密切的健美操组织主要有:国际体操联合会(FIG)、国际健美操冠军联合会(ANAC)、国际健美操联合会(IAF)、国际健美操与健身联合会(FISAF)。

国际体操联合会简称国际体联,成立于 1881 年,是世界上历史最早、规模最大的国际单项体育组织之一。现有成员国 130 个,于 1994 年接受健美操为其正式比赛项目,从 1995 年开始每年举办国际体操联合会健美操委员会健美操世界锦标赛。随着规则的修订,从 2000 年起,每逢偶数年举办一次健美操世界锦标赛。1999 年,国际体操联合会又合并了蹦床、技巧两个国际组织,成为拥有体操、艺术体操、健美操、蹦床、技巧、大众体操 6 个大项的单项体育组织。1987 年 10 月,我国加入国际体联。

国际健美操冠军联合会(ANAC)成立于 1990 年,总部设在美国,每年举办国际健美操冠军联合会世界健美操世界杯赛;国际健美操联合会(IAF)成立于 1983 年,总部设在日本,目前有会员国近 30 个,每年举办健美操世界杯赛;国际健美操与健身联合会(FISAF)成立于 20 世纪 80 年代中期,总部设在澳大利亚,有会员国 40 多个。国际健美操与健身联合会在亚洲和太平洋地区较有影响力,它除每年举办健美操专业比赛外,还组织各种健美操培训班,并颁发国际健身指导员证书。

健美操国际组织均致力于健美操运动的发展及在全世界的普及,为扩大健美操运动在世界范围的影响,提高健美操运动技术水平做出了重要贡献。尤其是国际体操联合会,虽然在 1994 年才接受健美操为其正式的比赛项目,但由于它是国际单项体育联合会,是国际奥委会正式承认的正规国际体育组织,具有悠久的历史并把握项目发展方向的能力,所以由其提出的"健美操进入奥运会"的目标,得到了世界各国健美操组织的信任与热情支持,也只有国际体操联合会才能担当起把健美操带入奥运会的重任。近年来,这些健美操国际组织之间开始了一些合作行动,如国际体操联合会曾于1994年在法国巴黎召开了一次寻求合作与研究有关健美操发展的会议,当时有7个健美操国际组织参加。1996年,国际健美操联合会和国际体操联合会签署了一项合作协议,内容是由国际体操联合会负责国际健美操联合会的裁判员培训工作,并在1998年的国际健美操联合会健美操世界杯赛中采用国际体操联合会规则。而国际健美操冠军联合会也于1998年开始了与国际体操联合会的合作关系。由此可见,从今后的发展来看,国际体操联合会将占据健美操运动的主导地位,将在健美操运动发展中发挥更大的作用。

第三节　我国健美操运动的发展

一、健美操运动首先在高等院校得到普及

世界性的健美操热潮传到我国,是在20世纪80年代初。当时,随着我国教育体制改革的不断深入,"美育"教育逐渐在学校教育中占有一席之地。因此,健美操的引进与兴起为我国美育教育提供了一个重要手段。

1981—1983年,在健美操运动传入我国的初期,不少高校教师陆续在报刊杂志上发表了一些介绍健美操和探讨美育教育的文章,并编排了一些健美操成套动作,如"女青年健美操"、"哑铃健美操"、"形体健美操"等。从此,意为追求人体健与美的"健美操"一词迅速被广大体育工作者所采用。

1984年,北京体育学院(现为北京体育大学)成立了健美操研究组,由其编排并推出的"青年韵律操"传遍全国各大专院校,无数青年学生投入到了学习"青年韵律操"的热潮中,使健美操运动迅速在我国各大专院校得到普及。此后,许多高校将健美操内容列入教学大纲,成为一项重要的体育教学内容,各种健美操教材也陆续出版,促进了健美操的理论研究。

为了推动全国大学生健身健美操的开展,中国大学生体育协会健美操艺术体操分会决定从1993年开始,每年在大学生中推广一套由协会审定的健身健美操。

与此同时,表演健美操和竞技健美操也开始在学校中出现,而高校良好的师资和场馆条件又为竞技健美操的普及和发展奠定了基础,每年不少高校都组织队伍参加各种形式的全国健美操比赛。如今,高等院校已成为我国竞技健美操发展的重要基地。

> **知识链接 3-1**
>
> 我国健美操发展年度简表
>
> 20世纪80年代初,世界健美操热传入我国。
> 1987年,我国第一家健美操健身中心"北京利生健康城"向社会开放。
> 1992年,中国健美操协会、中国大学生体协健美操艺术体操分会成立。
> 1995年,推出健美操运动员技术等级制度,首次派队参加世锦赛。
> 1998年,推出健美操指导员技术等级制度和《全国健美操大众锻炼标准》。
> 2000年,推出健美操协会会员制。
> 2001年,举办全国万人健美操大赛。
> 2003年,举办首届北京国际健身大会。

二、我国健美操的兴起与普及

1987年,我国第一家健美操健身中心"北京利生健康城"面向社会开放,首次把健美操这项新兴的体育运动介绍给广大人民群众。其新颖的锻炼方式、良好的健身效果很快被人们所接受,吸引了大批的健身爱好者。随后,越来越多的以健美操运动为主要形式的健身中心在社会上相继开业。

在北京、广州、上海等大中型城市,人们的思想观念更加开放,追求健康、追求美成为时尚,并且随着生活水平的不断提高,"为健康投资"逐渐深入人心,越来越多的人热衷于健身,热衷于健美操。每周2~3次地参加每次1~1.5小时的健美操运动的人并不少见。通过健美操运动,不仅增强了体质,而且娱乐了身心。健美操运动成了健身市场的一个重要组成部分。另外,电视等媒体有关健美操运动节目的大量出现也对社会健美操热潮的持续发展起到推波助澜的作用。

我国社会健美操运动的发展受"简·方达健美操"的影响较大,并随着时间的推移形成了各种流派。这些不同流派的健美操运动各有特色,但和国际健身健美操运动的发展还有一定的距离,如在练习的内容上普遍存在着重视操化练习、轻视力量练习和以过多的跳跃动作来增加运动负荷等问题。相信今后随着人们对健美操运动认识的不断深入和国际交流的加强,以及中国健美操协会关于社会健美操指导员制度和健美操等级动作规定的推出,这些问题将逐步得到解决。今后健身健美操练习方法和市场管理也必将向着国际化、科学化、规范化的方向发展。

三、我国健美操管理体系的建立与完善

1992年,中国健美操协会成立,标志着我国健美操运动进入了一个有组织、有计划发展的新时期。

长期以来,中国健美操协会克服了人员少、资金不足等困难,为健美操运动的普及做了大量的工作,如每年举办健美操教练员、裁判员培训班、全国健美操锦标赛等。

随着我国经济与体育体制改革的不断深入,1997年初,中国健美操协会由社会体育中心并入国家体育总局体操运动管理中心,并先后制定了《健美操活动管理办法》、《全国健美操指导员专业技术等级实施办法》(试行)、《全国健美操大众锻炼标准实施办法》。这些举措对我国健美操运动的普及与提高具有重大意义,推动了我国健美操运动的快速发展。

四、健美操比赛的规范化与多样化

1987年,由康华健美研究所、北京体育学院、中央电视台等单位联合举办了全国首届"长城杯"健美操比赛,随后又分别组织了儿童、青年、中老年健美操比赛。这些比赛的内容主要是健身健美操。如20世纪90年代初,随着中国健美操协会的成立和健美操比赛逐步走向正规化,我国每年举行的全国健美操比赛有全国锦标赛、冠军赛以及行业系统的比赛,如全国大学生健美操比赛和全国职工健美操比赛。从1997年开始,又把全国锦标赛改为全国锦标赛暨运动会,增加了中老年组健身健美操的比赛,并把青年组按比赛成绩分为甲、乙组,这样增加了健美操比赛的多样性,吸引更多的人参与到健美操比赛中来。

2001年,由国家体育总局体操运动管理中心、中国健美操协会主办了全国万人健美操大众锻炼标准大赛,它是一项年度性大型赛事,也是国家体育总局举办的唯一一项全民健身全国性赛事,作为国家体育总局立项的年度大型群众体育赛事,它已经成为政府行为与市场运作有效结合的成功典范。全国万人健美操大众锻炼标准大赛是我国健美操运动设项最广、参赛人数最多、参赛年龄跨度最大、参赛地域最广、参赛规模最大的全民赛事,2009年举行的总决赛参加人数突破10万人,并向少儿组、小学组、中学组、大专学院组、健身俱乐部组、职工组、中老年组、家庭组、自选动作和排舞组共10个组别的全部奖项发起挑战。截止到2009年6月,该项赛事已成功举办9届,深受广大健美操爱好者的好评。

五、国际交流逐步走入正轨

早在1987年,北京体育学院健美操队访问了日本,这是我国健美操运动首

次走出国门。1988年,我国举办了"长城杯"健美操友好邀请赛,有中国、日本、中国香港、中国台北等国家和地区的运动员参加了比赛。

1995年底,我国派队参加了由国际体操联合会在法国举行的第1届世界健美操锦标赛。1997年,随着我国健美操协会并入国家体育总局体操运动管理中心,国家更加重视健美操与国际的交往,先后派队参加了1997年4月在日本举行的国际健美操联合会世界杯赛,同年5月在意大利举行的第4届世界锦标赛和7月在美国举行的国际健美操联合会世界锦标赛。在这些比赛中,成绩虽然不够理想,但毕竟是我国竞技健美操走向世界的一个良好开端。1997年和1998年,我国还先后派出8人参加了国际健美操联合会组织的国际裁判员培训班和国际教练员培训班。

2006年6月3日,"双星杯"第9届世界健美操锦标赛在南京结束,这是该项赛事第一次在亚洲举办。中国队获得团体奖第二名,金牌数同团体奖第一名的罗马尼亚队相同。

2009年,国际体操联合会健美操洲际裁判培训班在北京圆满结束。来自世界5大洲20多个国家的60多名世界健美操顶级裁判员汇聚北京,我国的3位国际级裁判员也参加了此次洲际培训班的学习和考试。这是国际体联健美操洲际裁判培训班首次在亚洲举行,第二次在欧洲以外的地方举行。

2009年7月,第8届台湾世界运动会上,中国健美操夺得了1枚六人操金牌,1枚三人操银牌和女子单人操、混合双人操两枚铜牌。国际体联评价说,中国健美操队在台湾世界运动会上分得了最大的蛋糕。从2005年开始,中国健美操国家队六人操组合就垄断了所有国际大赛(世界杯、世界锦标赛、世界运动会)的金牌。

这些国际的交流与学习,使人们了解到国际健美操运动发展的动向和技术发展趋势,加深了人们对国际规则和健美操技术的理解。相信,今后随着我国健美操国际交流的逐步正规化,必将极大地促进我国健美操运动的发展和技术水平的提高。

六、健美操网站介绍

随着健美操运动的发展,互联网上出现了许多与健美操运动有关的网站,人们浏览网站可以发现大量健美操竞赛规则、健美操新闻和各种健美操视频。网站上为用户提供的各种风格、各种等级的比赛赛事和教学视频,可满足用户对各种赛事、各种风格健美操欣赏的需求。健美操的网站有:中国健美操联盟网、中国健美操协会网、中国健美操竞赛网体总网、联合竞技健美操、优动网等。

中国健美操联盟网英文名称是Chinese Aerobics Union Network。网站有视频首页、论坛首页、联盟资讯、联盟俱乐部、音乐专区等几个板块。在这里可以与健美操初学者、喜欢健美操运动的朋友相互学习和讨论,欣赏到有氧课程、踏板操、有氧搏击操、拉拉队操的精彩视频。这里有音乐下载专区,为您提供健美操联盟原创或联盟会员提供的音乐,提供下载的纯净 mp3 曲目,还提供健美操的竞赛规则和常用的健美操音乐。在视频专区有各种竞技健美操、健身健美操、拉拉队操、健身街舞等的国内大赛及世界大赛的视频,满足用户对健美操欣赏的需求。

中国健美操协会网英文名称为 Chinese Sports Aerobics Association ,网站中主要有协会公告、新闻中心、精彩图片、中国之队等板块,主要向网友传递有关健美操比赛和健美操裁判员培训、健美操联赛比赛、全国健美操竞赛规程等活动的通知,网站还设有健美操明星专栏,向大家介绍为国家健美操事业发展作出突出贡献的人。

思考题
1. 什么是健美操运动?健美操运动通常分为几类?有什么特点?
2. 试述健身健美操的发展趋势。

第四章 健美操运动的基本动作

章前导言

  学习健美操是一个由易到难、由简到繁不断发展变化的过程，学习健美操的基本动作是学习健美操的基础，通过练习基本动作可以掌握正确的动作技术，练习身体各个部分的肌肉运动感觉，从而更快地掌握复杂的动作和成套的动作。本章将引领大家走进健美操运动的大门，让练习者对健美操的基本技术有初步的认识与了解，以便能自觉地按照美的规律来塑造健康的形体。

学习目标

1. 掌握健美操的基本动作。
2. 了解健美操动作分类。
3. 了解健美操各动作组合。
4. 了解健美操基本技术。

关键词

  基本动作 基本步法 身体姿态 基本手型 基本技术

第一节 健美操基本动作简介

一、健美操基本动作概念

基本动作是健美操练习的基础。健美操的基本动作包括基本步法、上肢动作、躯干动作和头颈动作,其中基本步法是组成动作组合的最小单位。在编排动作时可以在基本步法的基础上加上上肢动作、躯干动作和头颈动作的变化,形成一个相对复杂的动作组合。通过基本动作练习,可以掌握正确的动作技术,加大动作幅度,培养良好的动作形态。基本动作练习是按人体生理解剖结构分部位进行的,是一项专门性的练习,练习者可根据需要加以选择。

二、健美操基本动作的作用

(一)健美操基本动作是健美操教学和练习的基础

健美操的基本动作是健美操运动中最简单的动作,健美操的组合和套路都是在上肢动作、下肢动作、躯干动作和头颈动作这些基本动作的基础上变化得到的,因此掌握基本动作是健美操教学和练习的基础。健美操的教学和练习是一个由易到难、由简到繁不断发展变化的过程,应将基本动作作为基础内容安排教学和练习。掌握基本动作是掌握复杂动作和成套动作的前提,为健美操运动的教学和练习打下良好的基础。

(二)基本动作练习是塑造形体和提高动作规格的有效手段

形体包括体形和姿态,健美操基本动作是按照人体解剖学结构部位分类的,练习者可根据需要选择,科学地、有针对性地进行局部练习,达到改善形体的目的。在健美操的基本动作练习中,健美操教师或是健身指导员会随时提醒练习者挺胸抬头、立腰展髋,为练习者塑造良好的健美操姿态打下基础。在健美操组合和成套动作练习中,学生的注意力主要集中在动作的前后连接上,容易忽视动作的规格,健美操基本动作练习以单个动作为主,在练习时注意力容易集中在完成动作质量和基本姿态上,弥补了健美操组合和套路过程中对动作规格的忽略,从而形成准确的动力定型。

(三)基本动作练习有助于发展身体各部位的灵活性和协调性

由于健美操对身体各部位的灵活性和协调性要求较高,在进行基本动作练习的同时,可不断提高该部位的灵活性和协调性,也可以说它是一种专门性的练习。练习者可根据需要选择所要发展部位的基本动作来练习。

三、基本动作练习应注意的事项

（1）动作的规范性。练习时肢体的位置、方向及运动的轨迹一定要准确，注意动作速度、肌肉力度和动作幅度的适宜度。

（2）动作的弹性。练习时要控制肌肉的收缩和放松，在练习的过程中要注意调整呼吸。

（3）动作的节奏感。良好的节奏是肌肉控制能力的表现。要重视学生动作节奏感的培养。

第二节　健美操的基本术语

健美操术语是用来表达健美操动作名称以及描述动作、技术过程的专门用语和专有词汇。正确使用健美操术语有利于健美操运动的教学和交流，虽然健美操运动起步较晚，还没有形成统一的健美操术语，但是已经有很多约定成俗的健美操术语，下面将对常用的健美操术语加以介绍。

一、场地的基本方位术语

为了表明身体方向和面部方向在场地上所处的方位，我们借鉴舞蹈中基本方位的分类方法，把场地划分为 8 点基本方位，把面对裁判席的方位定为基本方位的 1 点，按照顺时针方向，每 45°为一个基本方位，依次为 2 点、3 点、4 点、5 点、6 点、7 点、8 点（图 4-1）。

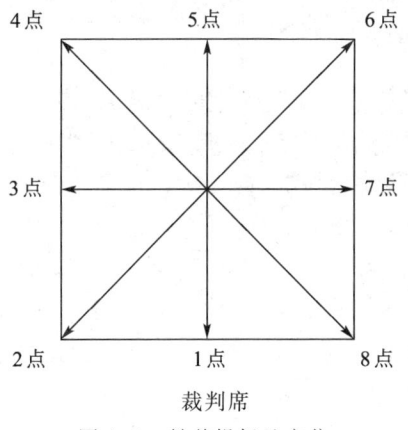

图 4-1　健美操场地方位

二、人体的基本轴

在做健美操动作时,身体某一部位或是某一环节经常要做转动动作,为了便于对这些转动的动作进行描述,我们借用了人体解剖学上的基本轴。

冠状轴:呈左右方向平行于地面的轴。

矢状轴:呈前后方向平行于地面的轴。

垂直轴:呈上下方向垂直于地面的轴。

三、运动方向术语

为了统一表达人体各部位运动时的方向,健美操规定了运动方向术语,运动方向根据人体直立时的基本方位来确定。

向上:头顶所对的方向。

向下:脚底所对的方向。

向前:腹部所对的方向。

向后:背部所对的方向。

向侧:肩侧所对的方向,分为左侧和右侧。

斜方向:垂直轴、水平轴、矢状轴、两两轴中间所对的方向。

向内:肢体由身体侧方,向身体中线的运动。

向外:由身体正中线向体侧的运动。

顺时针:与钟表指针运动方向相同。

逆时针:与钟表指针运动方向相反。

四、健美操基本步法名称术语

健美操基本步法是指在一定节奏下的脚步运动方法,常用的基本步法有:踏步、走、弹动、一字步、V字步、曼步、并步、交叉步、半蹲、点地、后屈腿、弓步、吸腿、踢腿、弹踢腿、跑、开合跳、并步跳、点跳。在本章第三节中,将对这些动作做详细介绍。

五、步法按冲量分类

步法是根据脚与地面接触时,地面给身体冲量的大小来划分的,分别是低冲量步法、高冲量步法和无冲量步法。

1. 低冲量步法

低冲量步法是指一脚始终接触地面的各种步法。低冲量步法常用于课堂的准备、心血管练习,身体承受的冲量和压力较小。低冲量步法的基本原理是,保持一脚接触地面而减少跳跃、踢腿和跑步时的冲量。例如,侧并步、走步、提膝、踏步、漫步、一字步等。

2．高冲量步法

高冲量步法是包含腾空阶段动作的步法,两脚可能同时离地。同低冲量步法相比,腾空阶段的冲力或冲量要大得多。例如,抬腿跳跃、跳跃、迈步跳跃、小跑等。

3．无冲量步法

无冲量步法是指双脚接触地面,始终不脱离地面的一些步法,在调整肌肉的过程中使用的,只用在课堂的准备阶段和放松阶段。例如,各种形式的蹲,或再加上髋、膝、踝的活动。

六、动作强度术语

动作强度是根据步法分类划分的,动作强度从小到大依次是:无冲量强度、低冲量强度、高冲量强度,各自冲量级别的步法加上手臂和躯干动作便成为各自冲量强度。

七、动作表现形式术语

弹性:在操化动作中踝关节和膝关节的屈伸,有弹性的健美操动作给人一种轻松、自然的感觉。

力度:健美操动作的用力强度,通过肢体动作的制动来表现。

节奏:健美操动作的力度、幅度有规律性的变化。

幅度:动作划过的空间位置,幅度越大动作越舒展。

风格:健美操的艺术特色,健美操的风格包括:搏击风格、拉丁风格、爵士风格、踏板风格、瑜伽风格等。

激情:健美操运动中具有爆发力的情感表现。

八、健美操常用手语介绍(图4-2)

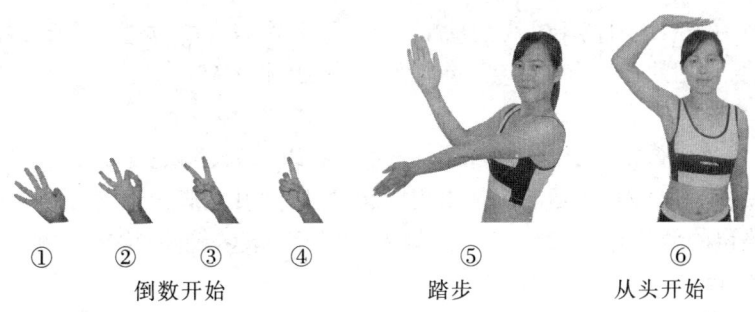

① ② ③ ④ ⑤ ⑥
　　　倒数开始　　　　踏步　　从头开始

图 4-2　健美操常用手语

第三节　健美操的下肢动作

健美操基本动作包括下肢动作、上肢动作、躯干动作和头颈动作，下肢动作是健美操动作的基础，也是最主要的组成部分，健美操的下肢动作是通过步法来体现的，步法的练习离不开脚型的配合，下面对健美操的脚型、步法一一进行介绍。

一、脚型

下肢动作的练习离不开脚型的配合，下肢动作完成的质量直接受到脚的姿态的影响，常见的脚型有绷脚尖、勾脚尖、脚外翻、脚内翻。

1. 绷脚尖

动作要领：脚趾并拢，踝关节做最大幅度的跖屈，脚是腿的延长部分（图4-3）。绷脚尖是健美操运动中最常用的脚型动作，凡是脚离地面并在空中做一定短暂停留的动作时，脚型一般为绷脚尖。例如，踏步、跑步、踢腿、摆腿。

2. 勾脚尖

动作要领：脚趾放松，踝关节做背屈（图4-4）。健美操的勾脚尖一般出现在脚后跟点地和压腿的动作中。

3. 脚外翻

动作要领:脚趾并拢,脚底转向内下方(图4-5)。在健美操动作中,一般与绷脚尖配合出现。健美操中的脚外翻一般出现在侧踢腿、迈步吸腿、摆腿等动作中。

4. 脚内翻

动作要领:脚底转向外下方的动作便是脚的内翻动作(图4-6),是在练习脚内翻时与绷脚配合出现的。例如,脚尖侧点地。

 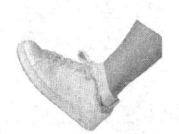  

图 4-3 绷脚尖　　图 4-4 勾脚尖　　图 4-5 脚外翻　　图 4-6 脚内翻

二、步法

在介绍健美操基本步法时,一般以身体直立作为预备姿势,特殊说明的除外。为了把健美操步法介绍得更清楚,我们把健美操的步法按节拍加以分解,对它们进行一拍一动的介绍,下面的"1"表示第一拍,"2"表示第二拍,依此类推。

(一) 低冲量步法介绍

1. 踏步(march)

动作要领:两拍完成一个踏步练习,以左腿先动的踏步为例,"1"抬起左腿落下,抬腿时,大腿抬平,小腿自然下垂,下落时,踝、膝、髋关节依次有弹性地缓冲。在落地时,由前脚掌过渡到全脚掌,两臂屈肘前后自然摆动,身体保持正直,抬头挺胸,"2"抬起右腿落下,两腿交替进行(图4-7)。

动作变化:踏步转体。

2. 走步(walk)

动作要领:两拍完成一个走步练习,以左腿先向前走步为例,"1"左腿迈步向前,脚跟先落地,再过渡到全脚掌,落地时,膝、踝关节有弹性地缓冲,"2"右腿向前迈步,和左腿向前迈步要求相同,脚跟先着地,再过渡到全脚掌,落地时,膝、踝关节有弹性地缓冲(图4-8)。向后退步时,脚尖先着地,再过渡到全脚掌。

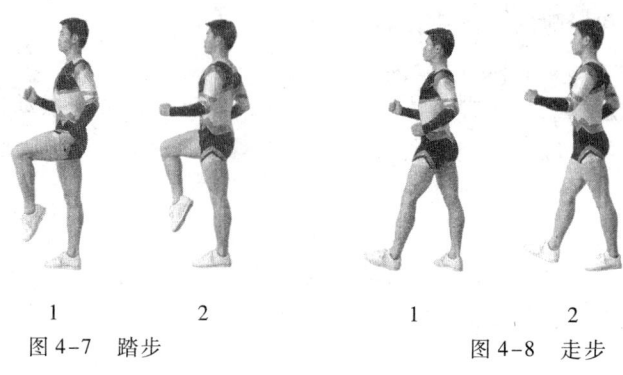

图 4-7 踏步　　　　图 4-8 走步

动作变化:向后走步,走步转身。

3. 一字步(easy walk)

动作要领:四拍完成一个一字步练习,以左脚先向前迈步为例,"1"左脚向前一步,向前迈步时,脚跟先着地,再过渡到全脚掌,"2"右脚与左脚并拢,"3"左脚向后迈步退回,向后迈步时,脚尖先着地,再过渡到全脚掌,"4"右脚向左脚并拢(图4-9)。每一拍动作膝关节都要做有弹性的缓冲。

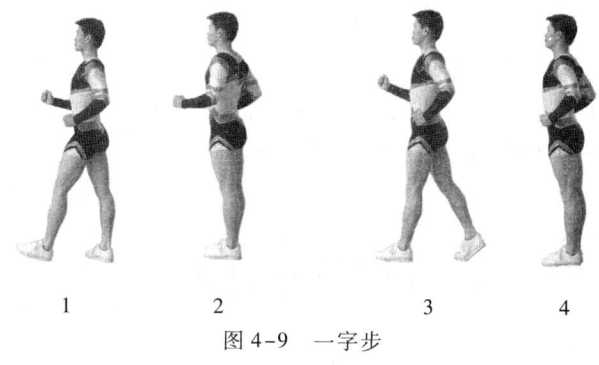

图 4-9 一字步

动作变化:右脚先向前的一字步、左脚先向后的一字步、右脚先向后的一字步、一字步转体。

4. V字步(V-step)

动作要领:四拍完成一个V字步练习,以左脚先向前迈步为例,"1"左脚向左前方迈步,"2"右脚向右前方迈步,成两脚开立,稍屈膝,"3"左脚退回原位,"4"右脚向左脚并拢,两腿膝、踝关节始终保持弹性状态,分开后成分腿半蹲,重心在两腿之间(图4-10)。

动作变化:右脚先向前的V字步、左脚先向后的V字步、右脚先向后的V字步、V字转身。

1 2 3 4

图 4-10 V 字步

5. 曼步(mambo)

动作要领：四拍完成一个曼步练习，以左脚先向前迈步为例，"1"左脚向前迈步，脚跟先着地，再过渡到全脚掌，屈膝，重心随之前移，右脚稍抬起，"2"右脚原地落下，重心落在两脚之间，"3"左脚向后退一步，右脚稍抬起，屈膝，重心随之后移，"4"右脚向左脚靠拢(图 4-11)。两脚始终保持交替落地，身体重心随动作前后移动，但始终在两脚之间。

动作变化：右脚先向前的曼步、左脚先向后的曼步、右脚先向后的曼步。

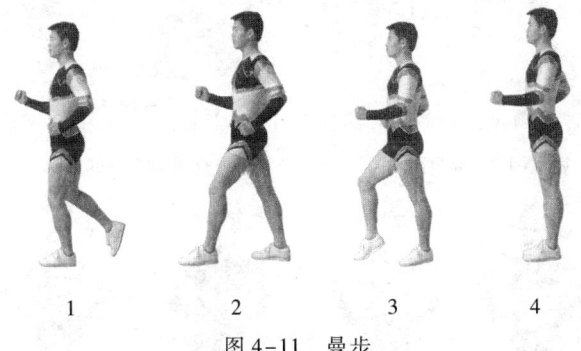

1 2 3 4

图 4-11 曼步

6. 侧并步(step touch)

动作要领：两拍完成一个侧并步练习，以左脚先动为例，"1"左脚向左侧迈步，"2"右脚向左脚靠拢。此为一个侧并步(图 4-12)。右脚向左脚靠拢时要屈膝点地。两膝始终保持弹动，动作幅度和力度可随风格而定。

动作变化：右脚先动的侧并步、并步转体。

7. 点地(touch tap)

动作要领：两拍完成一个点地练习，以右脚脚跟前点地为例，"1"左腿稍屈膝站立，右腿向前迈出，脚跟点地，"2"右脚向左脚并拢，左腿随动作有弹性地屈

59

伸(图 4-13)。

动作变化:脚尖前点地,脚尖后点地、交叉侧前点地、交叉侧后点地等。

8. 交叉步(grapevine)

动作要领:四拍完成一个交叉步练习,以右脚先动的向后交叉步为例,"1"右脚向右侧迈一步,"2"左脚向右脚后交叉,"3"右脚再向右侧迈一步,"4"左脚向右脚并拢,点地(图 4-14)。身体重心快速随着脚步移动而变化,保持膝、踝关节的弹动。

动作变化:前交叉步、交叉步转身。

9. 摆腿(leg lift)

动作要领:两拍完成一个摆腿练习,以踢右腿为例,"1"左腿稍屈膝后站立,右腿稍抬起,向侧方向摆腿,"2"还原(图 4-15)。摆腿时要有控制,上体保持正直。

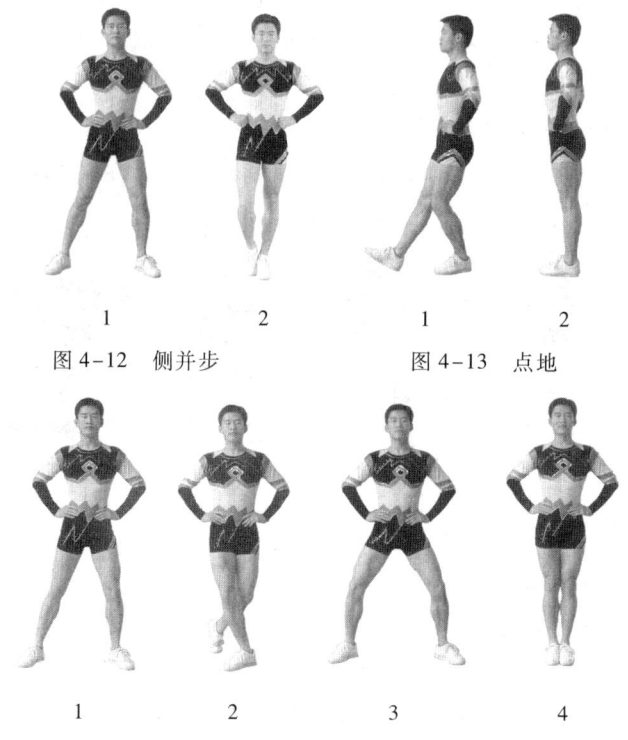

图 4-12 侧并步　　　　图 4-13 点地

图 4-14 交叉步

动作变化:左摆腿。

10. 踢腿(kick)

动作要领:两拍完成一个踢腿练习,以踢右腿为例,"1"左腿稍屈膝后站立,右腿抬起,"2"还原(图4-16)。抬起腿不需要很高,但要有控制,保持上体正直。

动作变化:左踢腿。

1　　　　　2　　　　　　1　　　　　2
图4-15　摆腿　　　　　图4-16　踢腿

11. 迈步(step)

动作要领:一条腿先迈出一步,重心移到该腿上,重心再移回另一条腿,最后还原成立正姿势。

(1) 迈步点地(step tap)

动作要领:两拍完成一个迈步点地练习,以右脚先动左脚脚尖侧点地为例,"1"右脚向右侧迈步,重心移至两腿中间,"2"重心移至右腿,左脚脚尖原地点地,左脚及两膝同时有弹性地屈伸,重心移动轨迹呈弧形,上体不要扭转(图4-17)。

(2) 迈步吸腿(step knee)

动作要领:两拍完成一个迈步吸腿,以右腿先动为例,"1"右脚迈出一步,重心移至两腿中间,"2"重心移至右腿,左腿屈膝后向侧抬起(图4-18)。动作要经过屈膝半蹲。

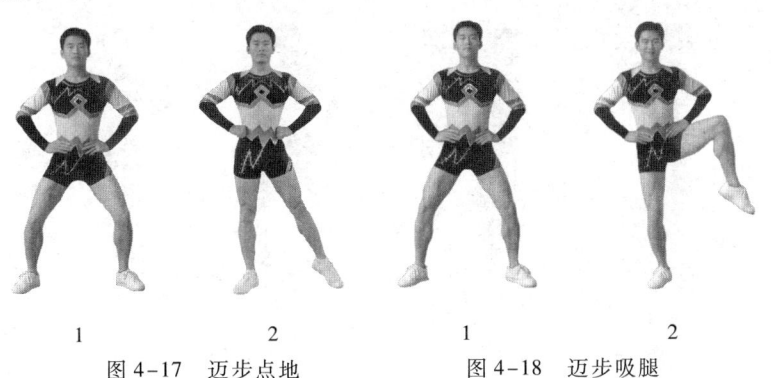

1　　　　　2　　　　　　1　　　　　2
图4-17　迈步点地　　　图4-18　迈步吸腿

（3）迈步后屈腿（step curl）

动作要领：两拍完成一个迈步屈腿练习，以右腿先动为例，"1"右脚迈出一步，"2"左腿后屈，保持大腿与地面垂直，将小腿尽量折叠，脚尖绷直，然后向反方向做下一个迈步。要经过屈膝半蹲，支撑腿稍屈膝，后屈腿的脚跟靠近臀部（图4-19）。

1　　　　　　　　2
图 4-19　迈步后屈腿

（二）高冲量步法介绍

1．单腿起跳类

（1）后踢腿跑（jogging）

动作要领：两拍完成一个后踢腿跑练习，以左腿先动为例，"1"左腿蹬地，两腿经过腾空，右腿落地支撑，左腿小腿折叠后屈，大腿垂直于地面，绷脚尖，"2"右脚的后踢腿，动作与"1"相同。两脚快速交替进行（图4-20）。

动作变化：原地后踢腿跑、向前后踢腿跑、向后后踢腿跑、斜向后踢腿跑、后踢腿转体跑、后踢腿弧线跑等。

（2）并步小跳（小马跳）（pony）

动作要领：两拍完成一个并步小跳，以右腿蹬地为例，"1"右脚蹬地起跳，左脚向一侧迈出，"2"起跳腿落地后，蹬地腿向其靠拢点地（图4-21）。

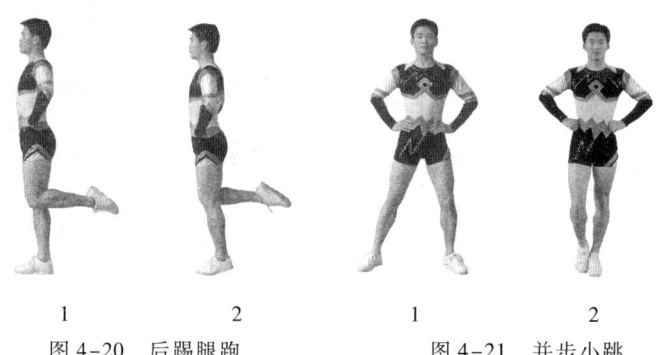

1　　　　　　2　　　　　　1　　　　　　2
图 4-20　后踢腿跑　　　图 4-21　并步小跳

动作变化:各个方向的并步小跳转身。

(3) 吸腿跳(knee lift jump)

动作要领:两拍完成一个吸腿跳练习,以吸左腿为例,"1"右腿蹬地,左腿屈膝抬起,大腿上抬过水平,小腿垂直于地面,脚面绷直,"2"点地落下,同时积极为吸右腿做准备。支撑腿要保持屈膝弹动,两腿交替进行。跳起时,脚离地,上体保持正直(图4-22)。

动作变化:迈步侧吸腿、交叉吸腿跳。

(4) 踢腿跳(kick jump)

动作要领:两拍完成一个踢腿练习,以踢右腿为例,"1"左腿蹬地脚尖支撑,同时右脚蹬地向前、侧、后直腿踢出,绷脚尖,"2"摆动腿脚尖落地后,积极为踢左腿做准备,两脚交替进行(图4-23)。

动作变化:踢腿跑、踢腿跳转身。

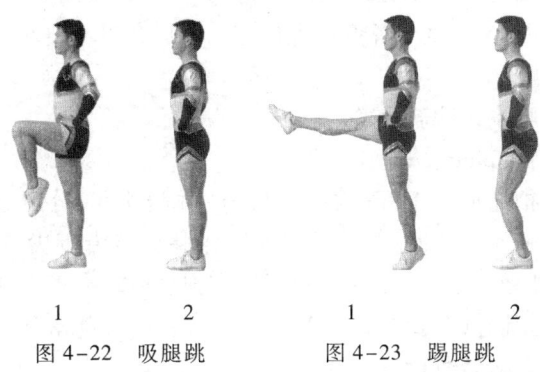

图4-22 吸腿跳　　　图4-23 踢腿跳

(5) 弹踢跳(flick)

动作要领:两拍完成一个弹踢跳,以先踢左腿为例,"1"左腿蹬地,两脚起跳,蹬地腿小腿后屈,尽量折叠,右腿落地弹动支撑,"2"左腿伸直前踢,绷脚尖,同时支撑腿弹动,此为左腿弹踢(图4-24)。然后左腿落地后弹动支撑,右腿小腿后屈,尽量折叠,折叠的小腿前踢,同时支撑腿弹动,两脚依次循环进行。

动作变化:侧向弹踢跳、弹踢跳转身、弹踢跳跑动等。

2. 双脚起跳类

双脚起跳类是指双脚起跳,双脚落地的步法。

(1) 并脚跳(jump)

动作要领:两拍完成一个并腿跳练习,"1"两腿并拢跳起,"2"落地缓冲要有控制(图4-25)。

动作变化:并脚跳转身等。

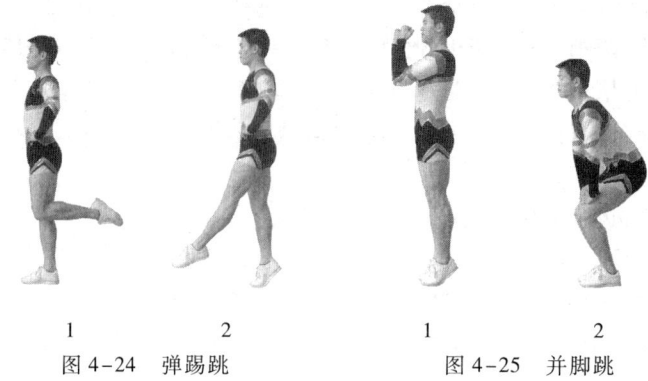

1　　　　2　　　　　　　1　　　　2
图 4-24　弹踢跳　　　　　图 4-25　并脚跳

（2）分腿半蹲跳(squat jump)

动作要领:两拍完成一个分腿半蹲跳练习,"1"分腿站立屈膝半蹲,向上跳起,"2"分腿落地,屈膝缓冲。屈膝半蹲时,大、小腿夹角不要小于90°,空中注意身体的控制(图4-26)。

动作变化:分腿半蹲跳转身等。

（3）开合跳(jumping jack)

动作要领:一般两拍完成一个开合跳练习,"1"并腿跳起,分腿落地,"2"分腿跳起,并腿落地。分腿屈膝蹲时,髋部、脚尖外展,膝关节沿脚尖方向屈,膝关节夹角不小于90°,脚跟落地,动作要起伏、连贯、有弹性(图4-27),开合跳也可四拍完成,"1~2"并腿跳起,分腿落地,"3~4"分腿跳起,并腿落地。

动作变化:开合跳转身。

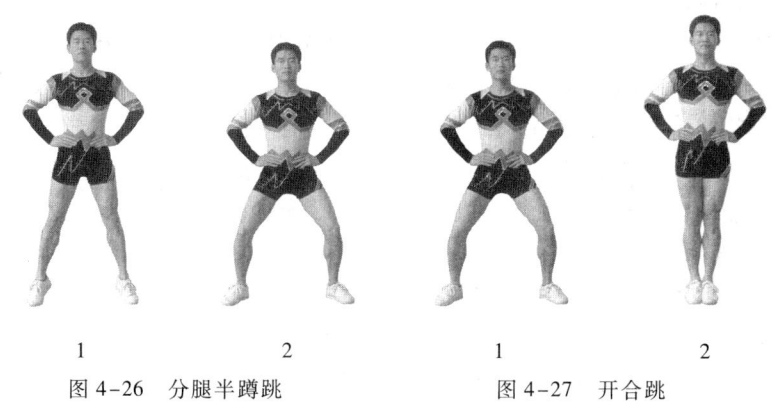

1　　　　　2　　　　　　1　　　　　2
图 4-26　分腿半蹲跳　　　图 4-27　开合跳

(4) 弓步跳(lunge jump)

动作要领:两拍完成一个弓步跳练习,以右腿前弓步为例,"1"两脚同时蹬地跳成弓步,右腿全脚掌着地,脚尖朝前,膝关节前弓不要超过脚尖,左腿前脚掌着地,脚尖朝前,身体稍前倾,收腹立腰,重心始终在两脚之间。"2"两脚同时蹬地,跳成立正姿势,注意弹动缓冲(图4-28)。

动作变化:弓步跳转。

(三) 无冲量动作

无冲量动作是指两脚始终接触地面的动作,在练习的准备阶段和放松阶段使用。

1. 分腿半蹲(squat)

动作要领:两腿有控制地屈和伸。分腿半蹲时,两腿左右分开稍宽于肩(或与肩同宽),脚尖稍外展,屈膝时关节角度不得小于90°,膝关节对准脚尖的方向,臀部向后45°方向下蹲,上体保持正直(图4-29)。

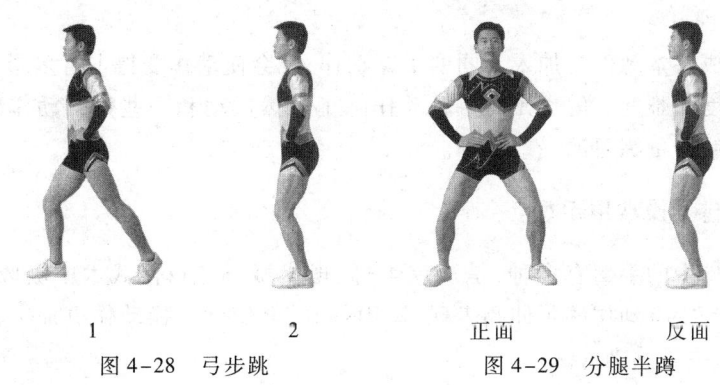

1　　　　　2　　　　　正面　　　　反面

图4-28　弓步跳　　　　图4-29　分腿半蹲

2. 弓步(lunge)

动作要领:两腿前后分开,两脚平行站立,蹲下、起来。一腿后摆由脚尖过渡到前脚掌(脚后跟不需要着地),脚尖向前。半蹲时后腿膝关节向下,上体保持正直,收腹立腰,重心始终在两脚之间(图4-30)。

3. 提踵(rock up)

动作要领:两脚并拢,身体保持直立,脚前掌发力,将脚跟尽量高地抬起,使整个重心落在脚尖上,然后恢复成两脚全脚掌着地(图4-31)。

4. 弹动(springing)

动作要领:身体保持正直,膝关节有节奏地做屈伸练习(图4-32)。

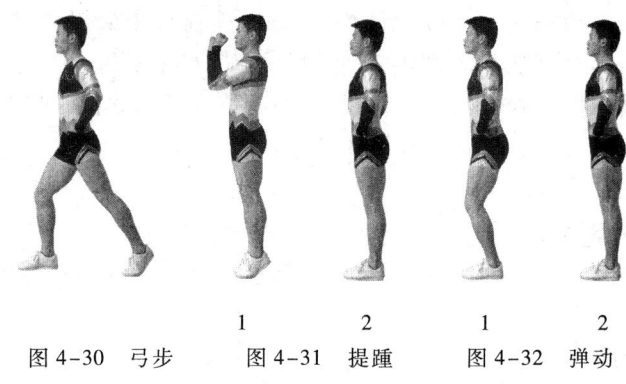

　　　　　　　　1　　　　2　　　1　　　2
图 4-30　弓步　　图 4-31　提踵　　图 4-32　弹动

第四节　健美操的上肢动作

在完成基本动作时加入不同的手臂动作,就会使动作变得丰富多彩,或改变动作的强度和难度。健美操的手臂动作除了自然摆动和一些舞蹈动作外,主要是模仿上肢力量练习的一些动作。

一、健美操常用手型

健美操中的手型有多种,是从芭蕾舞、现代舞、迪斯科、武术中吸收和发展的。手型是手臂动作的延伸和表现,运用得好,会使健美操动作更加丰富多彩,生动活泼,更具感染力。

1. 五指并拢掌

五指伸直,相互并拢。大拇指末关节收回,指关节贴于食指旁,手掌是小臂的延伸(图 4-33)。

2. 五指分开掌

五指伸直充分张开,手掌是小臂的延伸(图 4-34)。

3. 实心拳

四指卷握,大拇指末关节压在食指、中指的第二关节上,握成实心状(图 4-35)。

4. 空心拳

四指卷屈,大拇指末关节压在食指、中指的末关节上,握成空心拳(图 4-36)。

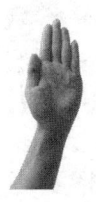 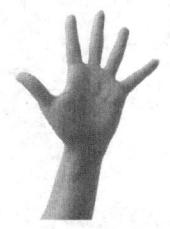 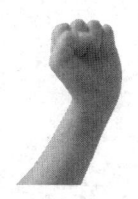

图 4-33　五指并拢掌　　图 4-34　五指分开掌　　图 4-35　实心拳

5. 屈指掌

手掌用力上翘，成立掌式，五指屈指张开（图 4-37）。

6. 西班牙舞手式

五指用力，小指、无名指、中指自掌指关节处依次屈，拇指稍内扣（图4-38）。

7. 芭蕾舞手式

五指微屈，后三指并拢、稍内收，拇指内扣（图 4-39）。

 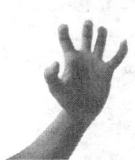  

图 4-36　空心拳　　图 4-37　屈指掌　　图 4-38　西班牙舞手式　　图 4-39　芭蕾舞手式

8. 立掌

五指伸直，相互并拢。大拇指末关节收回，指关节贴于食指旁，手掌立起，与前臂垂直（图 4-40）。

9. 竖拇指

四指卷握，握成实心状，大拇指竖起（图 4-41）。

10. V 指

小指和无名指卷屈，大拇指末节贴于无名指中节，其余两指伸直，充分张开（图 4-42）。

11. 响指

小指和无名指卷屈，大拇指指腹和中指指腹紧靠在一起，食指自然弯曲，大拇指指腹滑向食指指腹的外侧（图 4-43）。

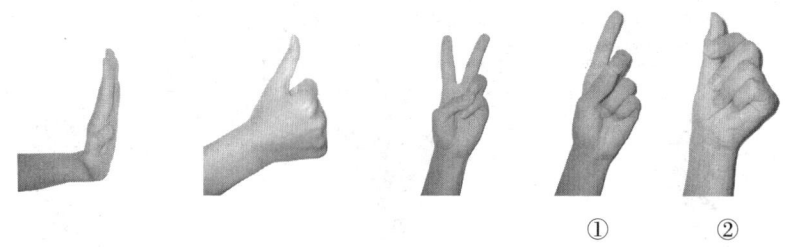

图 4-40　立掌　　图 4-41　竖拇指　　图 4-42　V 指　　图 4-43　响指

二、上肢动作

1. 举

以肩关节为轴,下举为参照点,直臂向某方向做不超过180°的抬起,并停留在此位置。举包括:① 前下举、② 侧下举、③ 后下举、④ 前平举、⑤ 侧平举、⑥ 前上举、⑦ 侧上举、⑧ 上举(图 4-44)。

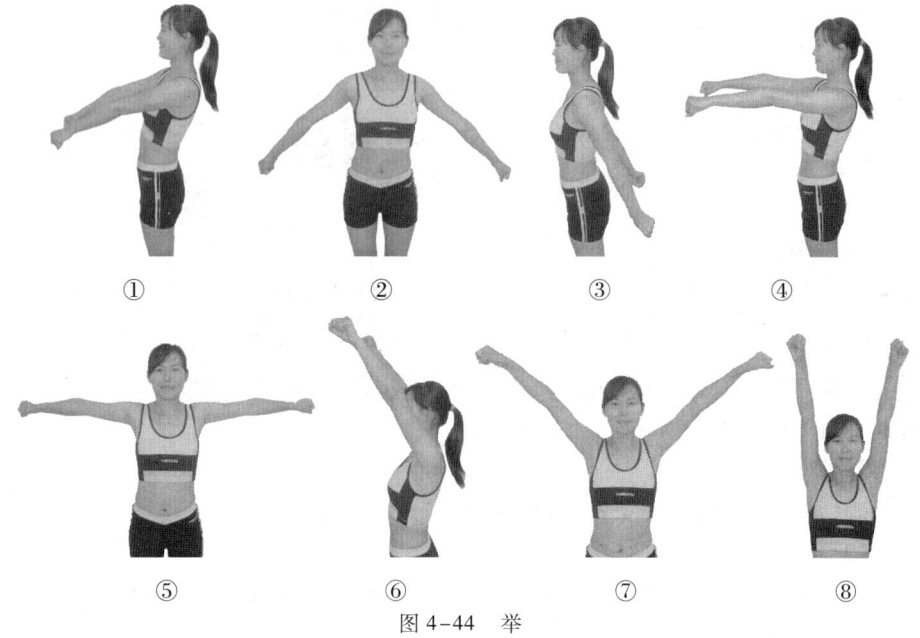

图 4-44　举

2. 屈臂

肘关节小于180°,以肩关节为轴,在各个方向上做动作。屈臂包括:① 肩侧屈、② 肩侧上屈、③ 肩侧下屈、④ 胸前屈、⑤ 胸前上屈、⑥ 胸前平屈、⑦ 头后屈、⑧ 屈臂叉腰、⑨ 腹侧屈、⑩ 腰后屈(图 4-45)。

① ② ③

④ ⑤ ⑥

⑦ ⑧ ⑨ ⑩

图 4-45 屈臂

3. 推掌类

立掌,肘关节弯曲,向各个方向推出,至伸直。推掌包括:肩上推(图 4-46)、胸前平推(图 4-47)、胸前下推(图 4-48)、胸前斜下推(图 4-49)。

① ② ① ②

图 4-46 肩上推　　　　图 4-47 胸前平推

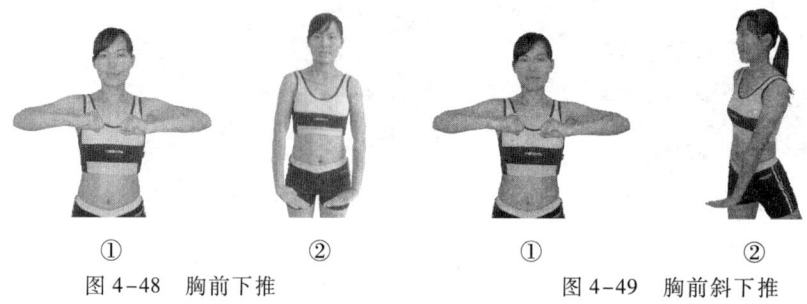

① ② ① ②
图 4-48 胸前下推　　　　图 4-49 胸前斜下推

4．冲拳

屈臂握拳,由腰间猛力向前冲拳(图 4-50)。

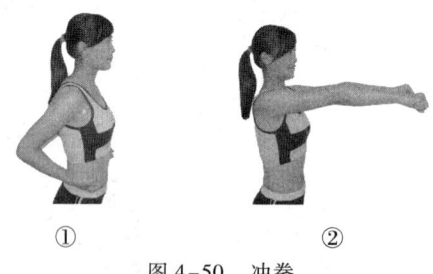

① ②
图 4-50 冲拳

5．摆动

以肩为轴,手臂在 180°以内的运动称为摆动(图 4-51)。

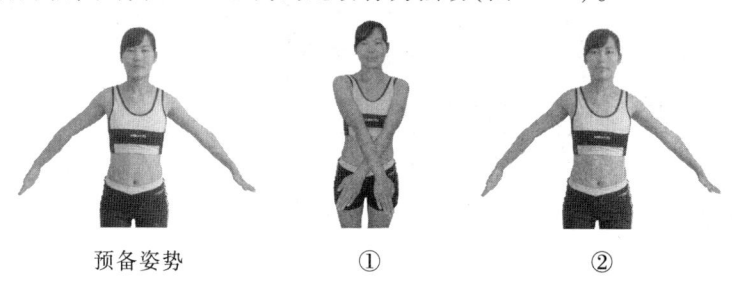

预备姿势　　　　① ②

图 4-51 摆动

6．绕和绕环

以肩关节为轴,手臂在 180°至 360°之间的运动为绕,360°及以上的圆周运动为绕环(图 4-52)。

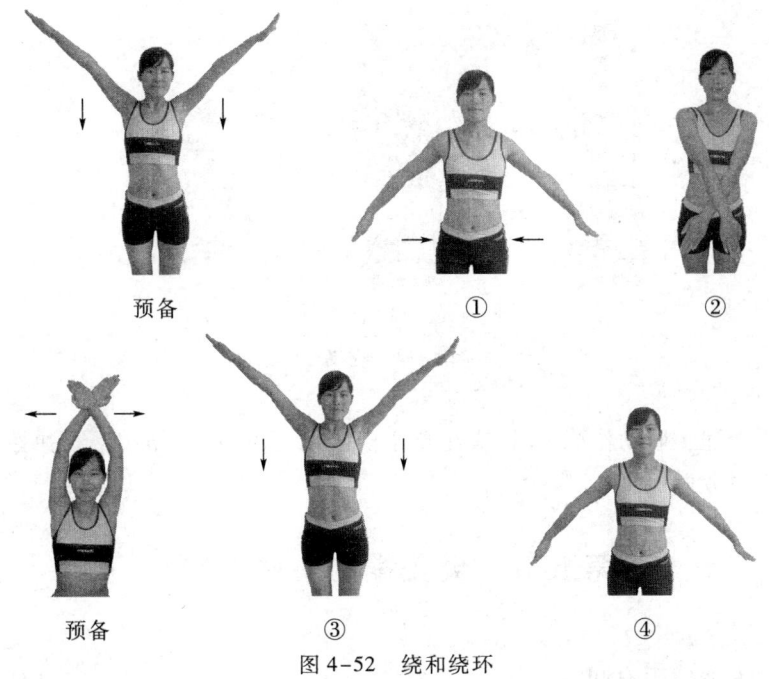

图 4-52 绕和绕环

7. 合掌

两掌心相对、合实。包括：① 胸前合掌、② 胸侧合掌、③ 腹下直臂合掌、④ 头上合掌（图 4-53）。

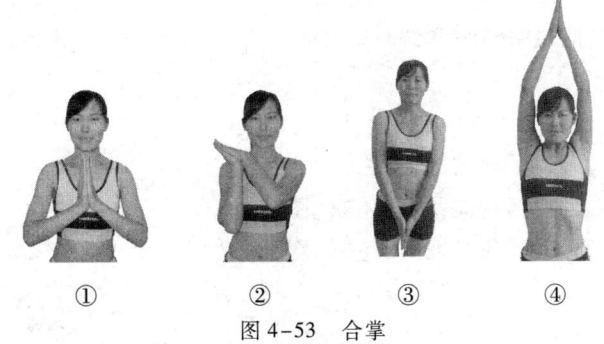

图 4-53 合掌

8. 交叉

两臂重叠成 X 形，包括：① 直臂下交叉、② 直臂上交叉、③ 屈臂胸前交叉（图 4-54）。

图 4-54 交叉

在做上述上肢动作练习时,应注意肌肉的用力阶段,使动作富有弹性,避免上肢动作过分僵硬。

第五节 健美操的头颈动作

一、头部动作方向

头部动作的方向主要是前、后、左、右四个方向。

二、头颈动作

头颈动作包括屈、转、绕和绕环。

1. 屈

动作要领:

前屈:低头,下颌对准胸部,还原(图 4-55)。

后屈:抬头,头后部对准背部,还原(图 4-56)。

侧屈:头向侧倾,耳部对准肩,还原(图 4-57)。

  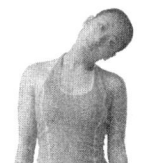

图 4-55 前屈　　图 4-56 后屈　　图 4-57 侧屈

2. 转(向左、向右转)

动作要领:头向左(右)转 90°,还原(图 4-58)。

3. 绕

动作要领:向左(右)绕。头从一侧屈经前绕至另一侧屈,稍抬头(图4-59)。

左转　　右转　　　　　①　　　②　　　③

图4-58　转　　　　　　　图4-59　绕

4. 绕环

动作要领:向左(右)绕环。头从一侧屈经前、侧、后还原的360°绕环动作(图4-60)。

要求:在做头颈动作练习时,身体不要跟着一起动,颈部动作幅度要大,使颈部肌肉充分伸展。

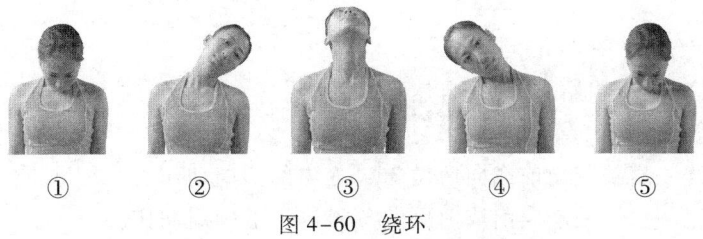

①　　　②　　　③　　　④　　　⑤

图4-60　绕环

第六节　健美操的躯干动作

健美操的躯干动作包括肩部动作、胸部动作、腰部动作和髋部动作。

一、肩部动作

肩部起着承上启下的作用,它与身体的姿势和形态密切相关。肩关节的柔韧性和灵活性直接影响肩部动作的幅度和姿态。肩部动作包括提肩、沉肩、收肩、展肩、绕、绕环、振肩。

1. 提肩、沉肩(图4-61)

预备姿势:分腿站立,两臂自然下垂。

动作练习:

(1) 左肩上提,还原。右肩上提,还原。

(2) 在左肩提肩的同时右肩沉肩,然后转为左肩沉肩,右肩提肩。

(3) 两肩同时提肩、沉肩。

2. 收肩、展肩（图 4-62）

预备姿势：分腿站立，两手叉腰。

动作练习：左肩收肩，同时右肩展肩；然后，左肩展肩，同时右肩收肩。此动作连续进行，即为抖肩。

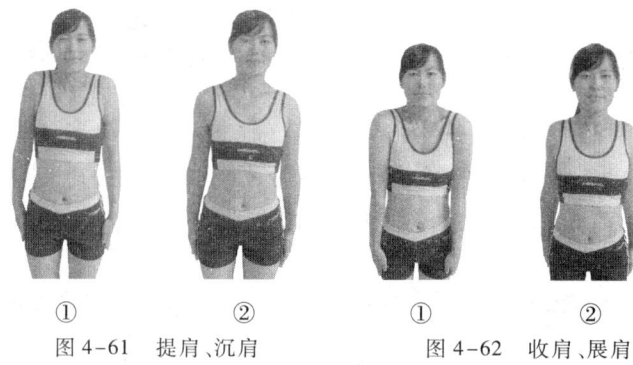

①   ②   ①   ②

图 4-61 提肩、沉肩   图 4-62 收肩、展肩

3. 绕、绕环（图 4-63）

预备姿势：分腿站立，两臂自然下垂。

动作要领：

（1）绕。肩关节向前或向后做360°之内的圆周动作。

（2）绕环。肩关节向前或向后做360°以上的圆周动作。

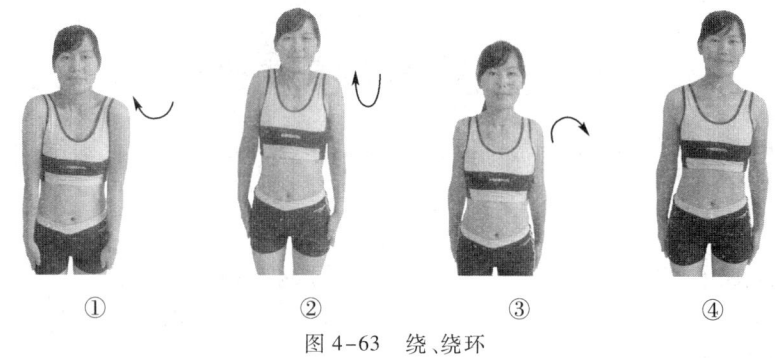

①   ②   ③   ④

图 4-63 绕、绕环

4. 振肩（图 4-64）

预备姿势：分腿站立，两手叉腰。

动作要领：两肩关节同时做收肩、展肩的连贯的弹性动作。

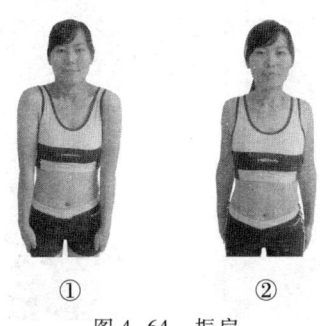

图 4-64 振肩

二、胸部动作

胸部动作包括：含胸、展胸、移胸、胸部绕环。

1. 含胸（图 4-65）

预备姿势：两腿分开站立，手自然下垂。

动作要领：低头、收肩，同时呼气。

2. 展胸（图 4-66）

预备姿势：两腿分开站立，手自然下垂。

动作要领：展肩、提气。

3. 移胸（图 4-67）

预备姿势：两腿分开站立，手自然下垂。

动作要领：肩部和腰部保持不动，胸部向侧向移动。

图 4-65 含胸　　图 4-66 展胸　　图 4-67 移胸

4. 绕环（图 4-68）

预备姿势：两腿分开站立，两臂自然下垂。

动作要领：按照顺时针或逆时针顺序经过展胸、移胸、含胸、再移胸形成胸绕

75

环动作。

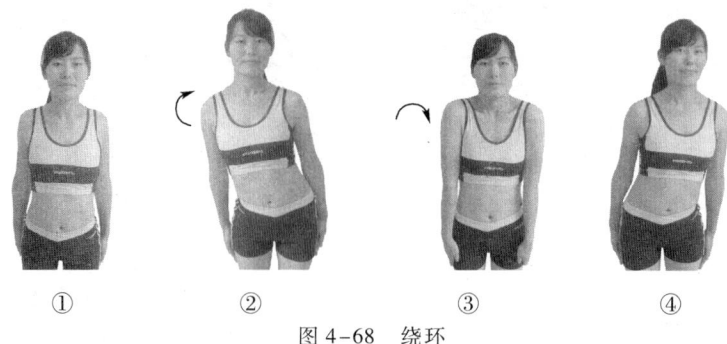

图 4-68　绕环

三、腰部动作

健美操的腰部动作包括：体侧屈、体前屈、转腰、腰绕环。

1．体侧屈（图 4-69）

预备姿势：两脚开立，身体正直，一臂侧举，一臂于腰侧屈。

动作要领：腰椎绕矢状轴作侧倾，侧举手臂尽量向上伸展且向头部贴近。

2．体前屈（图 4-70）

预备姿势：两脚开立、手臂自然下垂。

动作要领：腰椎绕冠状轴前屈。

3．转腰（图 4-71）

预备姿势：两脚开立，两臂前平举。

动作要领：腰椎和胸椎向相反方向运动。

图 4-69　体侧屈　　　图 4-70　体前屈　　　图 4-71　转腰

4．腰绕环（图 4-70）

预备姿势：两脚开立，手臂前平举。

动作要领：按顺时针（逆时针）连贯依次完成体前屈、右侧体侧屈（左侧体侧屈)、体后屈、左侧体侧屈(右侧体侧屈)动作。

① ② ③ ④

图 4-72 腰绕环

　　腰部动作还有体后屈动作,即:腰椎绕冠状轴向后运动,但是竞技健美操的竞赛规则规定,不得有反自然方向对脊柱造成挤压的动作,并且将其列为伪例动作,所以,在这里对体后屈不作介绍。

四、髋部动作

　　健美操中髋部动作包括:顶、提、摆、绕环。

1. 顶髋(图 4-73)

预备姿势:两脚分开与肩同宽,手臂自然下垂。

动作要领:一腿直立支撑,一腿弯曲,将髋部向支撑腿侧顶出。

2. 提髋(图 4-74)

预备姿势:两脚分开与肩同宽,双手叉腰。

动作要领:收腹、夹臀将骨盆向上提翻。

3. 摆髋(图 4-75)

预备姿势:两脚分开与肩同宽,手臂自然下垂。

动作要领:提髋,将髋部以正中矢状轴为轴作左右摆动。

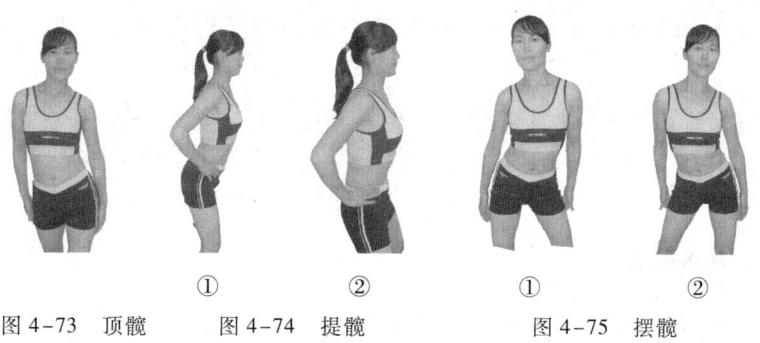

图 4-73 顶髋　　① ②　图 4-74 提髋　　① ②　图 4-75 摆髋

77

4. 髋绕环

预备姿势：身体稍微前倾，两脚分立稍宽于肩，两手叉腰。

动作要领：从身体稍微前倾开始，按照顺时针或逆时针顺序经过右顶髋、后提髋、左顶髋、前提髋，形成髋绕环动作（图4-76）。

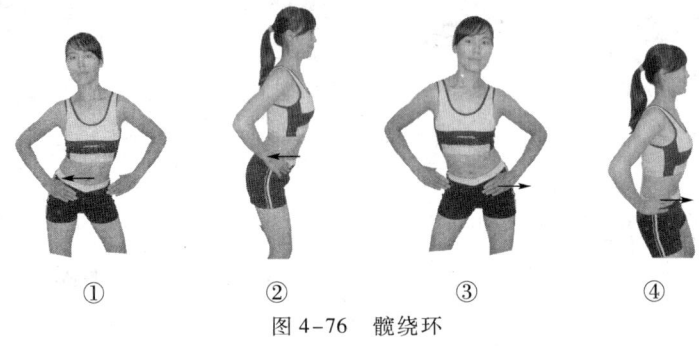

图4-76　髋绕环

第七节　健美操的基本技术

健美操的基本技术主要有落地、弹动、半蹲和身体控制技术。所有这些技术的要求都是从保证练习者安全的角度出发的，其中落地、弹动和半蹲技术实际上是紧密联系在一起的。

一、落地技术

落地技术的主要目的是使身体尽可能地保持稳定，同时减少地面对关节、肌肉的冲量，以避免造成运动损伤。

健美操的落地技术为：落地是由脚跟过渡到全脚掌或由前脚掌过渡到全脚掌，然后迅速屈膝、屈髋缓冲。所有动作在瞬间依次完成，用以分解地面对人体的冲击力。同时躯干与手臂保持良好的姿态，肌肉用力以保持动作的稳定与控制。

每一个动作都要有一个全脚掌落地过程的要求，可以使练习者小腿肌肉得到放松，避免在整个练习过程中小腿始终紧张，从而减少了由于小腿局部负担过重而引起的胫骨或腓骨骨膜炎以及肌肉过度疲劳或拉伤的可能性。

二、弹动技术

健美操的弹动技术是健美操最重要的基本技术之一，是体现健美操的最基本特征，用以区别其他项目的重要因素之一。

健美操的弹动主要依靠踝关节、膝关节、髋关节的屈伸缓冲而产生，它的主要作用是减少运动对关节的冲击力，从而减少运动对人体造成的损伤。值得注意的是在屈伸的过程中，腿部的肌肉要协调用力才能有效地防止损伤的发生并保持流畅的动作技术。

在练习弹动作时，可以先从练习踝关节屈伸的动作开始。练习方法为双腿并拢伸直，身体正直，立踵、落踵。在充分掌握踝关节的屈伸之后，进行膝关节和髋关节的弹动练习，练习方法为双腿原地并拢伸直，身体正直，屈膝半蹲，膝关节不要超出脚尖的位置，同时髋关节稍屈。若当这两部分的动作已经熟练，可以把这两部分连起来，使之形成完整的弹动动作。在踝关节的弹动过程之中，最主要的肌群为小腿的后部肌群，而膝关节、髋关节运动时，主要由大腿肌群、臀部肌群、腹部肌群和腰部肌群参与运动。

在做弹动练习的时候，参与运动的肌群在整个运动过程中要有控制，使动作变得流畅。

三、半蹲技术

在健美操练习的过程中，每一个动作都需要半蹲动作的配合，因为无论是落地和缓冲技术，还是弹动技术，实际上都是和半蹲动作联系在一起的。一些常用的力量练习动作，如分腿半蹲、弓步等，也和半蹲动作有很大的关系。因此，半蹲技术的掌握对健美操练习的完成质量具有重大影响。

半蹲时，身体重心下降，臀部向后下45°方向用力，膝关节不应超过脚尖，腰、腹、臀部和大腿肌肉收缩，上体保持正直，重心在两腿之间，起落要有控制。分腿半蹲时，脚尖自然外开，应特别注意膝关节弯曲的方向要与脚尖的方向一致，保持自然关节的正确位置，避免脚尖或膝关节内扣或过度外开，以及膝关节角度小于90°的"深蹲"。

在健美操练习中，分腿半蹲一般采取宽蹲的姿势，即两脚宽度大于肩。因为宽蹲有助于加大动作的幅度，有效提高运动负荷和无负重状态下的练习效果，同时动作也更优美、更流畅。

四、身体控制技术

健美操的身体姿态是根据练习者的安全性和现代人体与行为美的标准建立起来的。首先在整个非特殊条件下的运动过程中，身体应该保持自然挺拔，头稍稍昂起的姿态，颈椎、胸椎、腰椎处于正常的生理曲线的位置，并始终保持腰腹和背部肌肉收缩，避免因腰腹部位的摆动和无控制而可能引起的腰部损伤。四肢的位置根据具体的动作要求和练习者的个体情况而定，但无论肢体的位置如何变化都应有所控制，避免"过伸"，尤其是无控制的"过伸"，这是造成运动损伤的重要原因。总之，在健美操练习过程中的身体姿态取决于肌肉用力的感觉和程度，总的动作感觉应是有控制但不僵硬、松弛而不松懈。

思考题
1. 简述健美操的基本动作。
2. 简述健美操的基本步法按照动作完成的形式分类及动作要领。
3. 简述健美操常用的手型、上肢、头颈及躯干动作所包括的内容。
4. 试述健美操的基本技术。

第五章 健美操运动基本动作的变形要素及其组合

章前导言

练习的组合都是由基本动作组成的,设计课堂内容的第一步就是将基本动作归类,然后再加入变化,使动作多姿多彩。从简单的基本动作就能设计出具有创造力的组合。

学习目标

1. 掌握健美操基本动作的变形要素。
2. 掌握健美操基本手臂动作组合。
3. 了解手持轻器械的健美操组合。
4. 试根据基本动作自编小组合。

关键词

基本步伐冲量　基本动作变化因素　徒手组合　持轻器械组合

第一节　基本动作的变形要素

健美操基本动作的变形要素包括 D（direction）方向、R（rhythm）节律、T（travel）走向、L（lever）杠杆、P（plane）平面、M（mode）方式、U（unilateral/bilateral）单侧/双侧。健美操的各种基本动作加上各种变形的要素就能做出各种变形的动作。这些变形要素可以用 DRTLUMP 这个缩略语来描述。

一、D 方向

D 方向指与身体参考点相对的改变。改变身体所面对的方向动作就可以改变动作的方向，如向前、向后、向左和向右。

例如：V 字步转身变化方向：第 1 拍（后文用"1"表示）左脚向左前方迈出，第 2 拍（后文用"2"表示）右脚向右前方迈出，第 3 拍（后文用"3"表示）身体左转（脚尖朝向 7 点），第 4 拍（后文用"4"表示）右脚向左脚并拢。在做预备姿势时，身体朝向 1 点，动作结束后，身体朝向了 7 点，这就是方向，即 D 的变化。

二、R 节律

R 节律是按侧重于音乐的起、降节拍，或者运动速度的变化。健美操练习要强调节律的变化。要做到这一点，只要将动作的时间减半或加倍即可。

例如：开合跳变化节律："1~2"并腿跳起，"3~4"分腿落地，变为"1"并腿起跳，"2"分腿落地。在这个变化中，动作的时间减半，节律变快。

三、T 走向

T 走向是指身体离开原地。区分走向和朝向是很重要的。这个其实很简单，不必走也能改变朝向，也可以走动而不改变朝向。

例如：向前走步接侧后交叉步的走向变化（以左脚起动为例）："1"、"3"左脚向前迈步，"2"右脚向前迈步，"4"、"8"右脚向左脚并拢，"5"、"7"右脚向左侧迈步，"6"右脚经左腿后方向左侧迈步，在这个组合中，前 4 拍走向朝前（即：朝向 8 点），后 4 拍走向改为向左侧（即：朝向 7 点）。

四、L 杠杆

L 杠杆，指臂长和脚长的变化。改变臂长可以将长杠杆直臂改为短杠杆曲臂。

例如:由吸腿跳变为踢腿跳的杠杆变化(以左脚支撑为例):"1"吸腿弹动,"2"落地,"3"踢腿弹动,"4"落地,在此动作中腿由折叠变为伸直,杠杆长度变长,强度增加。当杠杆长度变短时强度减小。

五、U 单侧/双侧

U 单侧指每次只动一只手或一只脚,而双侧是指同时运动两手或两脚。

例如:脚侧点地时手臂配合的动作。右脚侧点地时,可以右手臂侧平举,也可以在右手臂侧平举的同时左手臂前平举。

六、M 方式

M 方式是指动作的强度,包括无冲击力、低冲击力和高冲击力。改变一个动作的强度便改变了动作方式。

例如:由踏步改为后踢跑动作。动作强度由低冲击力强度变为高冲击力强度。

七、P 平面

P 平面是指手脚运动的物理参数,如向前、向后、纵分面和横断面等。简单地说,它是指手脚的方向。

知识窗:

健美操的基本元素——8 拍组合

在成套动作中,是由若干个"8 拍组合"组成的。每个"8 拍组合"又由不同数量的基本步伐及其变化再加上不同的上肢动作组成,步伐变化越多,上肢动作越多,组合的方式也就越多,越复杂。

第二节 组合动作的编排

一个组合给人留下的印象应当是怎样的呢?谈到这里我们应该来看一下编排。

一、编一个 8 拍操化动作

1. 1 个 8 拍开合跳

1	2	3	4	5	6	7	8
开	合	开	合	开	合	开	合

2. 1个8拍吸腿跳

1	2	3	4	5	6	7	8
右吸腿跳	并	左吸腿跳	并	右吸腿跳	并	左吸腿跳	并

3. 1个8拍弓步跳

1	2	3	4	5	6	7	8
右弓步	并	左弓步	并	右弓步	并	左弓步	并

4. 1个8拍后踢跑,然后变为每个步伐占2拍

1	2	3	4	5	6	7	8
左后踢	右后踢	左后踢	右后踢	左后踢	右后踢	左后踢	右后踢

5. 在上述4个8拍中,每一个8拍选取前两拍

1	2	3	4	5	6	7	8
开	合	吸	并	弓	并	后踢	后踢

6. 把2、4、6、8拍去掉,变为

1	2	3	4
开	吸	弓	后踢

最后定为这4拍是编排内容,用同样的方法编上5、6、7、8拍。

二、操化动作的编排顺序

操化步伐编排好后,还必须完成操化动作编排的下列步骤。操化动作的编排顺序是:基本步伐—手臂动作—身体面向—移动路线—头的转向—目光定位—手型变化—节奏变化。

三、健美操组合识图(图5-1)

1. 预备:开始姿势。

2. "(1)"代表第一个8拍,以此类推。

3. "1"是指第一拍,"2"是指第二拍,以此类推。

4. "1"、"3"出现在同一个图的下方表示第一拍、第三拍均做图上此动作。

5. "5～6"是指两拍做一个动作,其他的2个、4个连续的数字在一起用"～"连接就表示是这两拍或4拍作同一个动作,"～"表示至的意思。

6. "→"表示身体的运动方向或是路线。

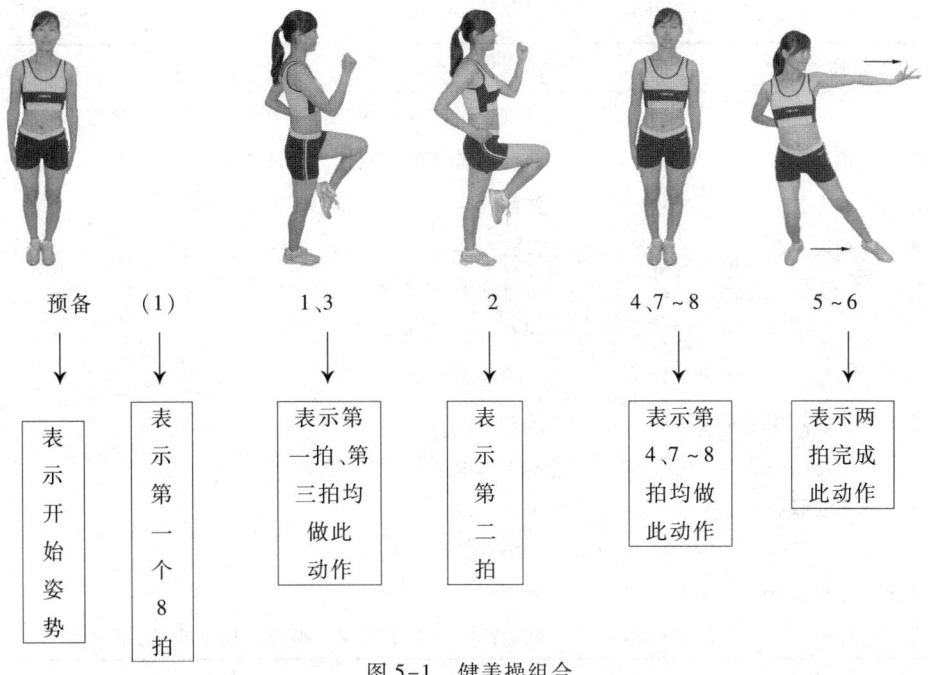

图 5-1 健美操组合

第三节 基本动作组合

下面介绍几组简单易学的组合,在课上学会以后,可以和同学一起,设想在比赛的气氛中进行练习,还可以借助一些道具练习,不仅可获得健身的乐趣,还可以增进友谊。

一、低冲击力类基本步伐组合 4×8(表 5-1)

表 5-1 低冲击力类基本步伐练习

动作名称	8 拍	步伐练习
4 个 8 拍踏步	(1)	自然摆臂
	(2)	吸气、手臂上举交叉,呼气还原
	(3)	左右臂依次上举还原
	(4)	同(3)
4 个 8 拍侧并步	(1)	双手叉腰

续表

动作名称	8 拍	步伐练习
	(2)	双臂摆至胸前上屈,然后摆回腰。两手握拳
4 个 8 拍侧并步	(3)	双臂摆至胸前平屈还原。两手握拳
	(4)	体侧两臂头上交叉还原。两手花掌
4 个 8 拍侧点步	(1)	叉腰
	(2)	一臂前伸,一臂抱拳
	(3)	一臂上伸,一臂抱拳
	(4)	两臂左右摆动
2 个 8 拍后踢腿	(1)	叉腰
	(2)	双手胸前交叉,然后叉腰
2 个 8 拍前吸腿	(1)	叉腰
	(2)	上举到侧摆,两手握拳
4 个 8 拍交叉步	(1)(2)	叉腰
	(3)(4)	两臂侧举—头上交叉—侧举—腹前交叉,手并掌

二、低中交替基本步伐组合 4×8(图 5-2)

(1) 1　　2　　3　　4　　5

6　　7　　8　　(2) 1　　2

图 5-2 低中交替基本步伐组合

三、手臂动作组合 4×8（图 5-3）

出右脚5　　收左脚6　　出右脚7　　收左脚8　　出左脚(3)1

2　　　　3　　　　4　　　　5

6　　　　7　　　　8　　　(4)1　　　2

3　　　　—　　　　4　　　　5

      6　　　　　　　　　7　　　　　　收左腿8

图 5-3　手臂动作组合

四、头颈动作组合（图 5-4）

下肢姿势：两脚分开，略宽于肩，挺胸立腰，两臂自然下垂。

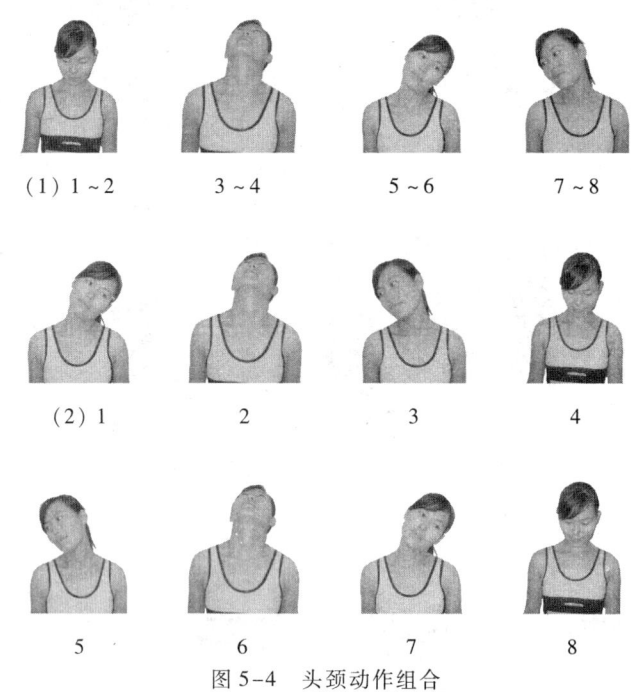

（1）1～2　　　3～4　　　5～6　　　7～8

（2）1　　　2　　　3　　　4

5　　　6　　　7　　　8

图 5-4　头颈动作组合

五、躯干动作组合（图 5-5）

下肢姿势：两脚分开，略宽于肩。

90

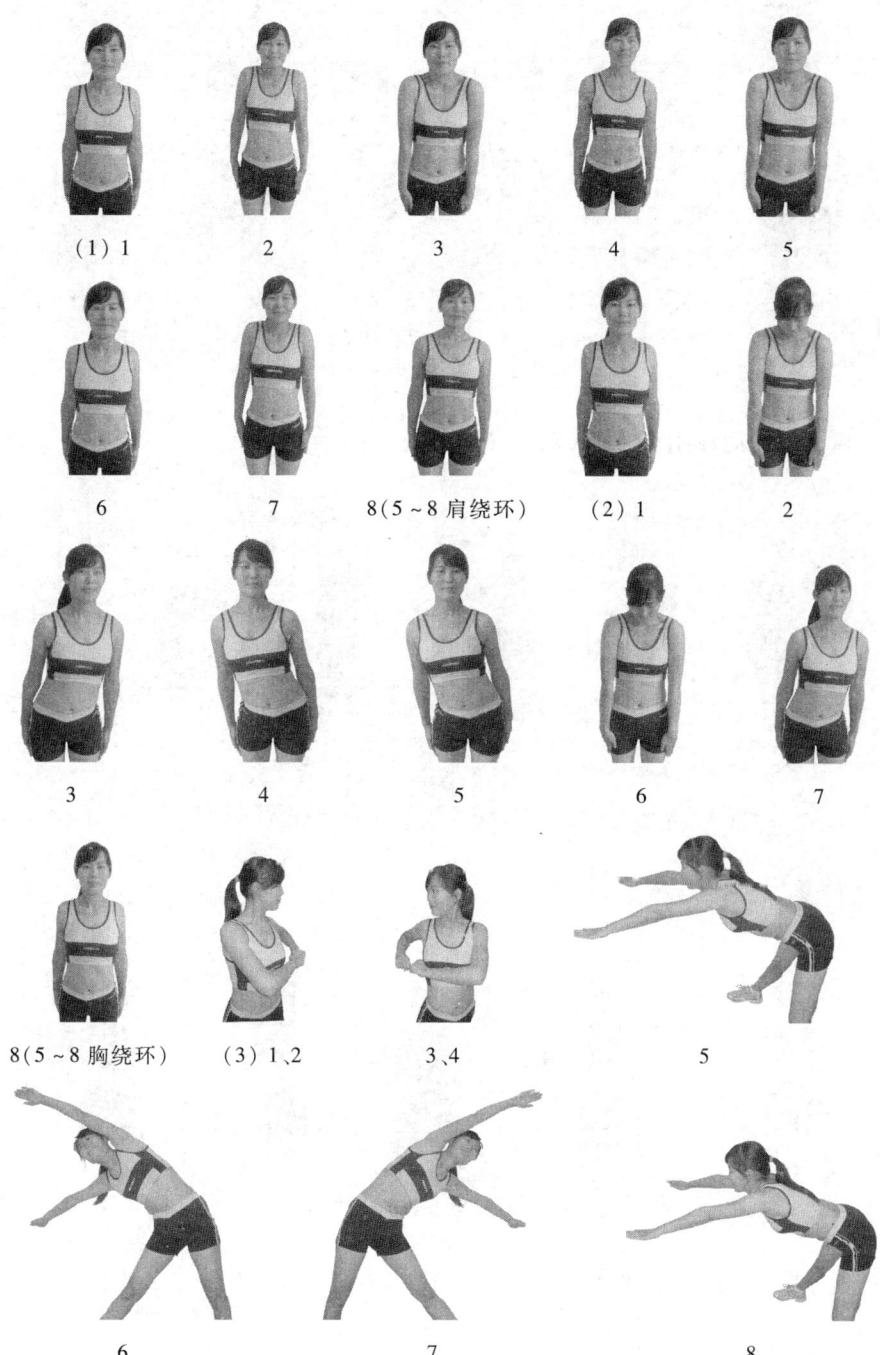

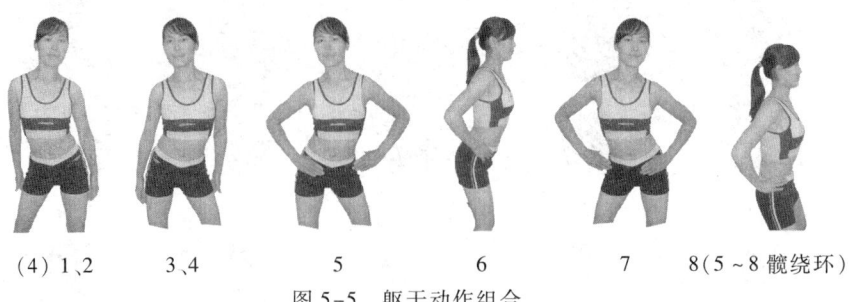

(4) 1、2　　3、4　　　5　　　　6　　　　7　　8(5~8髋绕环)

图5-5　躯干动作组合

六、小球动作组合 6×8（图5-6）

踏步3、4　扭跨5、6　　7、8　　右迈步(3)1、5　　2、6

左迈步3、7　　4、8　　右迈步(4)1　左并步2　右迈步3

图 5-6 小球动作组合

七、操化动作练习 4×8（跑跳组合）（图 5-7）

(1) 1　　2　　3、5　　4　　6

7　　8　　(2) 1　　2　　3

4　　5　　6　　7　　8

图 5-7 操化动作练习

八、健美操垫上动作组合

在大众健美操1~6级的规定动作中,除了双脚着地的动作外,还有手、双膝、臀、背着地的动作,即为垫上动作。下面介绍一个简单的垫上组合(图5-8)。

图 5-8 健美操垫上动作组合

第四节　健美操边学边练组合

组合动作要注重段落的衔接,包括动作的准确协调,动作与音乐伴奏的吻合,及组合动作所体现出来的动感和力度。音乐选择风格应为热烈、奔放的,主题为健康的,节奏应适合青少年特点的。艺术效果应尽量突出展现。一般健身健美操音乐速度为 22~26 拍/10 秒。

有氧操的编排被认为是按照音乐来计划、组织动作的艺术。健美操动作的编排应是有规律的,以 32 拍为一组,这与音乐的结构完全相同。掌握健美操动作的编排方法,可以达到边学边练的目的,投入创造性的学习和练习。

组合动作(32 拍)的组合方式

在一个 32 拍的组合动作中可以包含不同数量的基本步伐,步伐越多,可能的组合方式也就越多。一般来说 2~4 种步伐的组合动作适合于初学者,而 5~6 种步伐一组为中等难度,还可以加入一些变化。如果在一个组合里编排的步伐太多,不容易学会,因而影响学习的效果。下面介绍 4 种边学边练的组合,组合由简入难。

用"A"表示踏步、"B"表示 V 字步、"C"表示侧交叉步、"D"表示吸腿、"E"表示侧点地。

表 5-2　边学边练组合①(2 个动作)

AABB	ABAB	AB AB AB AB
8 踏步	8 踏步	4 踏步+1V 字步
8 踏步	2V 字步	4 踏步+1V 字步
2V 字步	8 踏步	4 踏步+1V 字步
2V 字步	2V 字步	4 踏步+1V 字步

表 5-3　边学边练组合②(3 个动作)

AB C AB C	A BC A BC	AD CB AD CB
4 踏步+1V 字步	8 踏步	4 踏步+1 侧交叉步
2 侧交叉步	1V 字步+侧交叉步	2V 字步
4 踏步+1V 字步	8 踏步	4 踏步+1 侧交叉步
2 侧交叉步	1V 字步+侧交叉步	2V 字步

表 5-4　边学边练组合③(4 个动作)

ABCD	AB CD AB CD	AD CB AD CB
8 踏步	4 踏步+1V 字步	4 踏步+2 吸腿
2V 字步	1 侧交叉步+2 吸腿	1 侧交叉步+ 1V 字步
2 侧交叉步	4 踏步+1V 字步	4 踏步+2 吸腿
4 吸腿	1 侧交叉步+2 吸腿	1 侧交叉步+ 1V 字步

表 5-5　边学边练组合④(5 个动作)

A B C D E	A B C D E	A B C D E
4 踏步+1V 字步	8 踏步	8 踏步
2 侧交叉步	1V 字步+1 侧交叉步	2V 字步
4 吸腿	4 吸腿	2 侧交叉步
4 侧点地	4 侧点地	2 吸腿+侧点地

表 5-2 至表 5-5 分别是由 2 个、3 个、4 个、5 个步法动作组编成的 3 种不同的 32 拍的动作组合,随着步法的增多,组合方式也会增多,协调性、灵活性、节奏感越好,组合观赏性也会越高。

通过以上几个组合的练习,为自己找几个基本步伐来编排、演练,在演练的基础上加上方向的变化,再加上手臂的各种动作,就可以成为一个比较"专业"的健美操锻炼者了。

思考题

1. 简述健美操动作的变形要素 D、R、T、L、U、M、P 各代表的含义是什么?
2. 根据自己的理解自编简单的 8 拍组合。

第六章 健身操特殊课种的介绍

章前导言

健身操是一项轻松、优美的健身运动,在增强人体健康的同时,带给人们艺术的享受,使人心情愉快。其种类有瑜伽、拉拉队操、普拉提、有氧搏击操……面对不同种类的健身操,我们该如何选择适合自己的健身方法,本章将介绍不同节奏和风格的健身操的特点、特征及其基本动作,以满足不同年龄、层次、性别、职业的人的健身需要。

学习目标

1. 针对各类健美操的功能进行选择性的学习。
2. 了解不同健美操的特征以及基本动作。
3. 了解不同健美操的锻炼方法。
4. 选择适合自己的健美操锻炼方法。

关键词

健美操　瑜伽　拉拉队操　普拉提　搏击操

第一节 瑜　　伽

一、瑜伽的起源与发展

（一）瑜伽的起源

瑜伽起源于印度,是古代印度哲学弥曼差等六大派中的一派。瑜伽是梵文词,意思是自我和原始动因的结合或一致。它凝聚了五千年前印度河流域的古印度文明,传承了尼罗河流域的古埃及文明的智慧哲学精髓。爱因斯坦、梭洛、爱默生等现代大思想家、科学家和哲学家,都曾经对古老瑜伽文献中蕴藏的智慧和科学的健身方法表示惊异和赞叹。

（二）瑜伽的发展

瑜伽经历了几十个世纪的发展,产生过众多的流派,从哲学来讲有因明论派、胜论派、数论派、瑜伽派、弥曼差派、吠檀多派。作为修行和练功方法的瑜伽,体系也很多,如哈达(诃陀)瑜伽、八支分法瑜伽、智瑜伽、咀多罗瑜伽、语音冥想瑜伽、实践瑜伽、业瑜伽、爱心服务瑜伽等。在这些瑜伽体系中,强调不同的练习方法,有些体系练起来偏重健身,也有些体系偏重心灵和精神,还有一些体系练习使练习者身心两方面受益。

二、瑜伽的特点与功能

（一）瑜伽的特点

现代的瑜伽有着独特的塑身理论,讲究自然、平衡与协调,是一种安全、有效的塑身练习。它的神奇之处就是赋予机体细胞年轻的状态,保持充沛和旺盛的精力。本章介绍的瑜伽基本动作是将哈达瑜伽归纳提炼后,使其成为最适合人们调理身心健康的现代瑜伽。

（二）瑜伽的功能

瑜伽练习帮助人保持一个健康的精神系统,能够使发挥不够正常的神经系统恢复正常的功能,凭借对重要的内分泌系统产生有利的影响来保持身体健康,各种瑜伽姿势有助于伸展肌肉、灵活关节,轻柔地按摩和伸展身体,会使身体每一个部分受益。

三、瑜伽的基本动作

1. 莲花盘坐(图6-1)
2. 山式(图6-2)

3. 转躯触趾式（图6-3）

图6-1　莲花盘坐　　　图6-2　山式　　　图6-3　转躯触趾式

4. 船式（图6-4）

图6-4　船式

5. 下半身转动式（图6-5）

图6-5　下半身转动式

6. 兔式（图6-6）

图6-6　兔式

7. 眼镜蛇转动式（图6-7）

8. 蹬自行车式（图6-8）

9. 仰卧放松功（图6-9）

图 6-7　眼镜蛇转动式　　图 6-8　蹬自行车式　　图 6-9　仰卧放轻功

四、瑜伽练习提示

（一）时间

练习瑜伽的最好时间是饭后的三四个小时。傍晚时，动作一般比早晨灵活，动作会比较到位，有助于消除一天的疲劳，让人恢复精力。

（二）地点

应尽可能选择一个干净、安静、舒适和通风的房间。

（三）垫子

选择一块合适的垫子，厚薄、软硬适中，垫子一定要支撑好自己的脊柱。

（四）服装

由于瑜伽有大量扭曲和伸展躯干、四肢的动作，最好是穿着宽松的衣服来做，赤足，并且在开始练习前除去手表、腰带和其他饰物。

（五）饮食

练习瑜伽要空腹，应尽量饭后三四个小时做练习，尽量避免进食一些过于油腻、辛辣和容易导致胃酸过多的食物，练习结束 30~40 分钟后方可进食。

（六）提醒

在做瑜伽动作时不要过分牵拉韧带，以伸展到最舒服的位置为宜。

第二节　动感拉拉队操

一、拉拉队操的起源与发展

拉拉队一词英文名为"cheerleading"，其中"cheer"有振奋精神、提升士气的意思。在早期的部落社会里，为激励部落中外出打猎的战士，通常会举行仪式，仪式通过族人欢呼、手舞足蹈的表演来鼓励战士能凯旋而归，这被认为是拉拉队的起源。

美国是现代拉拉队表演的发源地,至今已有一百多年的历史,最初是为美式足球、橄榄球、篮球校队的加油表演,后逐渐蔚然成风。

1880年,美国学校曾风行美式足球,帮他们加油的拉拉队为了支持这种竞赛运动而组织起来。今天所熟知的场边拉拉队创始于公元1898年的冬天,美国历史上第一位拉拉队长Johnny·Campbell站在观众面前,指挥队员们为母校明尼苏达大学喊出脍炙人口并沿用至今的口号。

在美国早期出现的拉拉队,均由各大专院校的男生组成,队友如同"兄弟会"一般。但第一次世界大战后,女性在拉拉队中活跃起来。此后,扩音器、纸制彩球、健美操动作也用于拉拉队中,使得拉拉队的表演更加生动活泼且具有现场感染力。

20世纪70年代,全美各大专院校纷纷成立拉拉队研习营,教授拉拉队基本技巧,并由Bill Horam成立第一个全美拉拉队协会。

1978年,由世界拉拉队基金会组织了首届美国大学生拉拉队操比赛。

1980年,美国举办了首届全美拉拉队操大赛,标志着拉拉队运动进入了竞技比赛的行列。随后,拉拉队加入了高难度的体操技巧与叠罗汉,使得拉拉队表演具有更高的观赏性,拉拉队发展成竞赛的方式,掀起了全美莘莘学子积极参与的热潮,其他东西方国家争相模仿,使拉拉队操发展成为世界性的运动。

今天,拉拉队操这项运动在许多国家迅速发展起来,并具备了很高的竞技水平,影响力也越来越广泛。

我国拉拉队操表演在20世纪90年代的篮球场上开始兴起,并与2001年举办了全国高校首届拉拉队操的比赛。

二、拉拉队操基本动作介绍

1. 准备姿势(ready position)(图6-10)
2. 弓步(lunge)(图6-11)

1　　　　　　　2
图6-10　准备姿势　　　　　图6-11　弓步

3. 高举 V 字(high V)(图 6-12)
4. 下举 V 字(low V)(图 6-13)
5. T(T)型(图 6-14)

 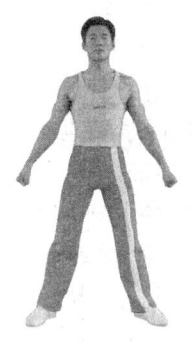 

图 6-12　高举 V 字　　　图 6-13　下举 V 字　　　图 6-14　T 型

6. 胸前屈臂平举(half T)(图 6-15)
7. 双臂上举(touch down)(图 6-16)
8. 臂下举(low touch down)(图 6-17)

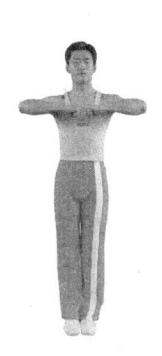 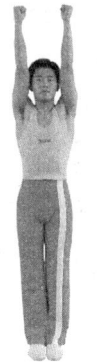 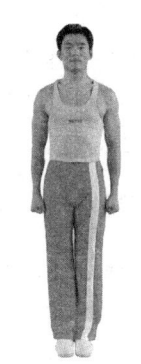

图 6-15　胸前屈臂平举　　　图 6-16　双臂上举　　　图 6-17　臂下举

9. 胸前弯举(daggers)(图 6-18)
10. 弓箭手(bow and arrow)(图 6-19)
11. L(L)型(图 6-20)
12. 双拳撑腰(hand on hips)(图 6-21)
13. 勇往直前(punch)(图 6-22)
14. 双臂斜举(diagonal)(图 6-23)
15. K(K)型(图 6-24)

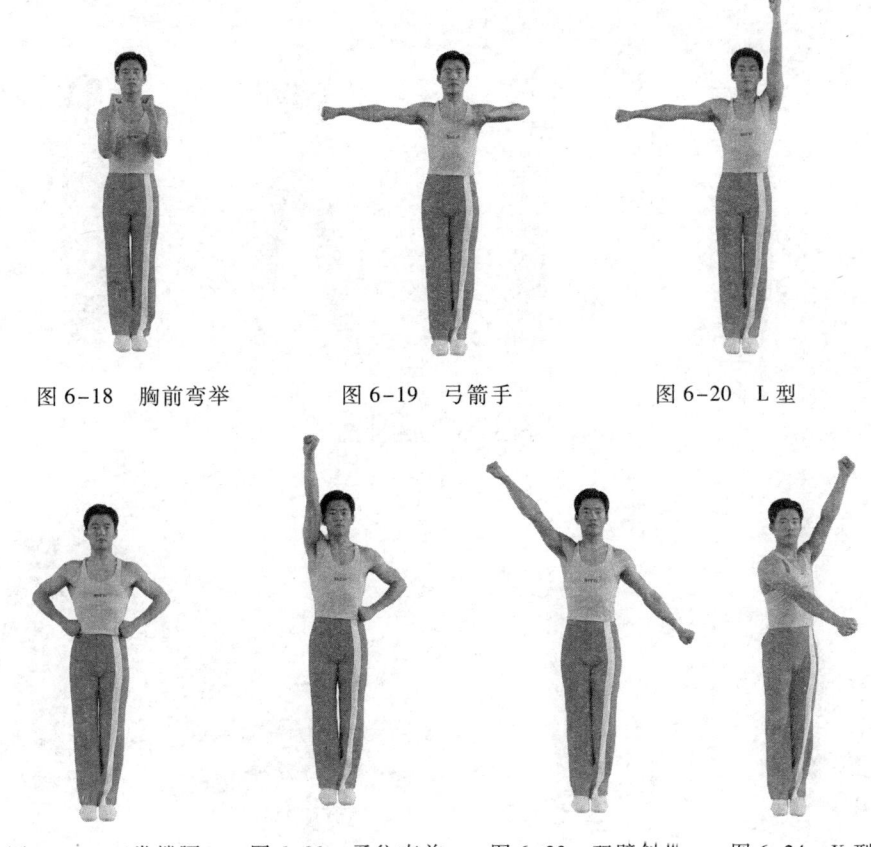

图 6-18 胸前弯举　　图 6-19 弓箭手　　图 6-20 L 型

图 6-21 双拳撑腰　　图 6-22 勇往直前　　图 6-23 双臂斜举　　图 6-24 K 型

以上 15 种姿势是拉拉队基本姿势的原形,大家可以在此基础上做多种变换,比如:L 型,可以把它做成向上方的 left L、right L 以及向下方的 left L、right L。又如:还可以将它做成 high V、low V 以及向前方的 V 型。当大家做 punch 的时候,右臂可以向外成 V 型,如 high V、T 型、half T 型、low K 型以及 high K 型。可以发挥个人想象力,在此基础上做更多的变换。除了以上的各种姿势以外,还可以加入多种步伐,比如:踏步、侧并步、easy walk、V 字步、吸腿、弓步等。

三、跳跃动作

1. 分腿小跳(spread eagle)(图 6-25)
2. 分腿大跳(toe touch)(图 6-26)
3. 跨栏跳(side hurdler)(图 6-27)
4. 前踢跳(front hurdler)(图 6-28)

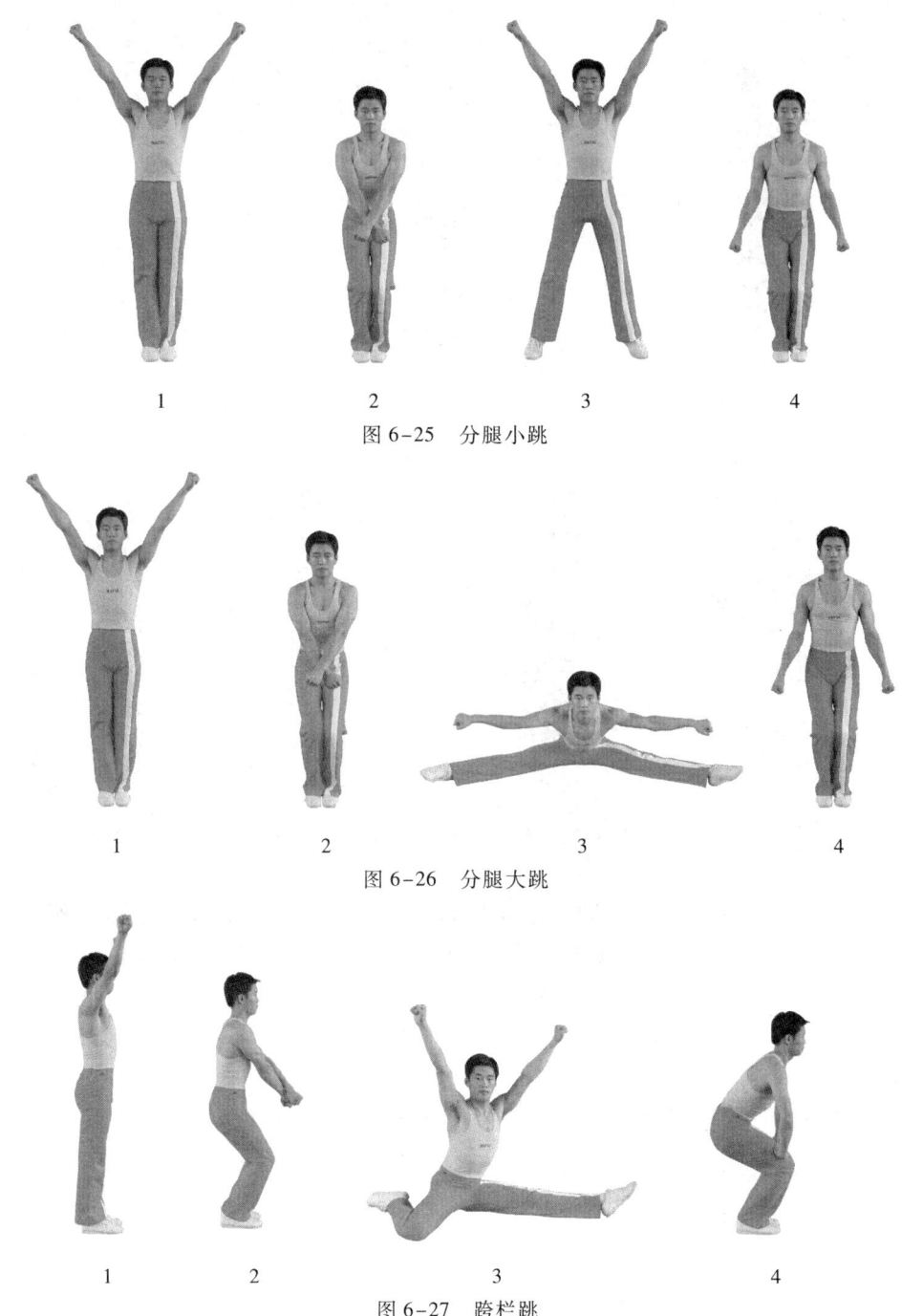

1　　　　　2　　　　　3　　　　　4
图 6-25　分腿小跳

1　　　　　2　　　　　3　　　　　4
图 6-26　分腿大跳

1　　　　　2　　　　　3　　　　　4
图 6-27　跨栏跳

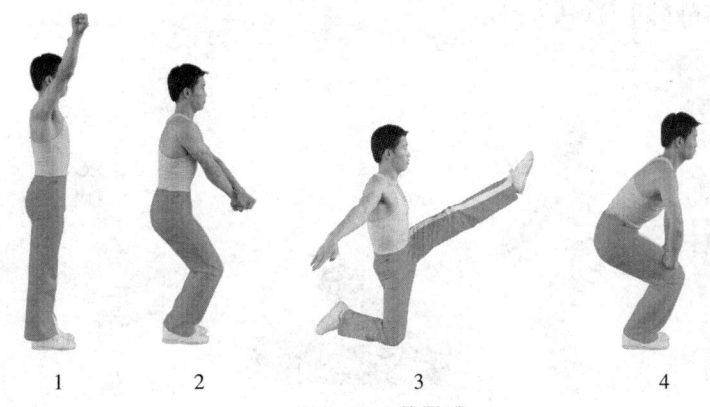

1　　　　　　　2　　　　　　　3　　　　　　　4

图 6-28　前踢跳

5. 团身跳（tuck）（图 6-29）

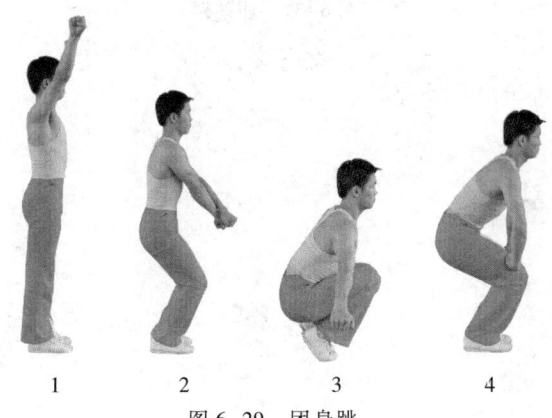

1　　　　　2　　　　　3　　　　　4

图 6-29　团身跳

6. C 型跳（C）（图 6-30）

1　　　　　　2　　　　　　3　　　　　　4

图 6-30　C 型跳

109

7. 屈体跳(pike)（图 6-31）

1　　　　　2　　　　　3　　　　　4

图 6-31　屈体跳

8. 劈腿跳(split)（图 6-32）

1　　　　　2　　　　　3　　　　　4

图 6-32　劈腿跳

以上是拉拉队跳步的基本原形，练习者可以在此基础上加入其他的舞蹈跳步。

技术要点提示：

1. 动作发力速度要快。
2. 制动早，有控制。
3. 手臂动作要始终处于身体额状的前方，不可过伸。
4. 落地要缓冲。
5. 动作的开始与结束要清晰。

第三节 普 拉 提

普拉提是"Pilates"的音译,是一种舒缓全身肌肉及提高人体躯干控制能力的运动形式。普拉提运动融入了西方注重身体肌肉和机能练习的"刚",如腰、腹、背、胸等部位肌肉能力的练习,以及东方强调身心统一的"柔",不局限场地、不拘泥动作,加上伸张肌肉、腹式呼吸,使身体获得适当协调的有氧运动。普拉提运动与其他有氧运动最大的不同点在于:它是静态的,讲究呼吸协调,可以边运动边听柔和的音乐,从而进入冥想境界。

一、普拉提的起源与发展

约瑟·普拉提(Joseph H·Pilates)于1880年出生于德国,童年时体弱多病,患有佝偻、哮喘以及风湿病,为了克服这些疾病,他曾经进行健美、体操等各类运动,并研习东西方不同类型的运动方法。普拉提曾利用不同的简单器械为患者进行康复练习,他和医学专业人员一起研究,创造了一种独一无二的康复疗法——普拉提。1923年,约瑟·普拉提将这种练习方法带到了美国。在20世纪30年代,很多著名的舞蹈教练都信奉普拉提的练习方法。一些舞蹈演员会因为演出或训练使身体受这样或那样的伤,这些伤会使身体经过一段很长的时间才能痊愈,而普拉提独特的练习方法却能够通过提供必要的辅助使受伤的身体尽快复原。因此,美国的舞蹈协会很快普遍地接受了普拉提,普拉提开始在身体复原的治疗中流行起来。20世纪90年代,很多理疗师将普拉提运用于理疗的各个领域,其中包括外科、治疗慢性疼痛等。在复原系统中,一些普拉提的练习是普拉提的基础动作发展变化而来的。

二、普拉提的特点与功能

(一)普拉提的特点

1. 科学性

普拉提吸收了古老的瑜伽和太极动作的精髓,用节奏把呼吸、冥想、柔韧、平衡有机地结合在一起,达到伸展腰椎拉长韧带的功能。

2. 安全性

普拉提是静力状态的运动,它的运动速度相对平和,一般不会产生对关节和肌肉的伤害。同时,动静结合的动作安排,使身体既有紧张又有放松,既有步伐的转换又有打坐的调息,这就使锻炼的人更容易控制身体,减少因姿态错误造成的负面作用。

3. 全面有效

普拉提借助哑铃、体操棒、垫子交叉进行身体练习,虽然动作稳健,看起来并不火爆,却是全方位的。既有针对手臂、胸部、肩部的练习,又有针对腰腹部和背部的力量练习,也有增强柔韧性的伸拉练习,各个部位可以得到充分绷紧和拉伸。因此,对全身都有明显的健身效果。

4. 简单易学

普拉提最大的特点是简单易学,不仅动作平缓,而且可以有目的地针对手臂、胸部和肩部进行锻炼,同时又能增强身体的柔韧性。而且,这项运动不受活动地点的限制,无论专业健身房还是起居室,都可以练习。

5. 挑战性与娱乐性相结合

普拉提由于动作缓慢,加上肌肉的控制、呼吸的配合,使本来看似简单的动作,做起来有一定的难度。普拉提的练习环境,配合舒缓优美的音乐,可以使人充分放松,动作的转换自然流畅,练习者在练习过程中惬意自在,没有疲劳的感觉。

6. 随意性

普拉提不受场地和时间的限制,任何时间、任何地点,只要不违常规,都可以练习。

(二) 普拉提的功能

1. 增强肌肉力量,修塑美化形体

普拉提强调静止中的控制过程,使练习者在增强肌肉力量的同时却不加大肌肉体积。普拉提的轻器械练习就是遵循小重量多次数的方式,令肌肉充满弹性而又不会加大围度。它的运动强度不是特别大,但它讲究控制、拉伸、呼吸,对腰、腹、臂等女性重点部位的塑造有很好的帮助,这个修塑体型的作用更适合女性在现实生活中对形体美的要求。

2. 改善肢体柔韧性,纠正不良姿势

普拉提可以使身体增强力量,拥有一个凹凸有致、柔软、匀称的身体,苗条的双腿和平滑的腹部。普拉提能够让练习者更多地认知和感受自己,让动作轻缓优雅。普拉提可以帮助改善身体的柔韧性,增强身体的敏捷度,并提高行动的有效性,甚至可以帮助改善因长期姿势不良而造成的背部疼痛。

3. 发展核心力量,均衡发展肌肉

普拉提让身体产生一个强壮的"核心",或者可以说是身体的中心。而这个核心的构成部分就是深层的腹部肌肉连同脊柱附近的肌肉。这个很强的中心力量,使躯干、骨盆和肩带成为一个稳定的整体。普拉提能够使全身的所有部位都参与运动,且不会使每一组肌肉产生练习不足或过渡练习的情况,人体所有的肌肉组织都能够达到平衡并得到充分锻炼。

三、普拉提的基本动作

1. 单腿画圈(图6-33)
2. 单腿伸展(图6-34)

图6-33　单腿画圈　　　　图6-34　单腿伸展

3. 侧卧抬腿(图6-35)

①　　　　　　　　　②

图6-35　侧卧抬腿

4. 身体控制(图6-36)
5. 仰卧挺髋(图6-37)

图6-36　身体控制　　　　图6-37　仰卧挺髋

6. 单腿上伸(图6-38)

①　　　　　　　　　②

图6-38　单腿上伸

四、普拉提练习提示

（1）集中注意力。抛开一切烦恼，集中注意力，做动作时，细细"聆听"身体的感受。

（2）身体要准确控制。动作要准确到位，达到所需动作幅度和力度，保证锻炼效果。

（3）动作流畅连续。动作要保持连续性，速度要均匀。动作舒展流畅，无需多余动作出现。

（4）冥想。随着轻松而富有节奏的音乐，躺在地板上静静冥想，仔细感觉身体各部位的变化。想象是可以有意识地唤起肌肉的功效、建立思想能够控制身体的运动理念。

（5）持久力。学会有意识地收缩需要练习的肌肉保持长时间的肌肉紧张，缓慢而有节奏的运动能像深层按摩一样，帮助重新放松绷紧的肌肉，改善内在力量。

（6）注意个体差异。可以根据自己的身体情况和锻炼的目的，合理安排练习的次数。

第四节 有氧搏击操

一、有氧搏击操的起源与发展

（一）有氧搏击操的起源

有氧搏击操起源于美国，是由七次获得国际空手道大赛冠军的美国人比利布兰克斯创造的。他于1989年在美国洛杉矶开办了有氧搏击健身中心，并迅速引起巨大的轰动。无论是减肥、健美，还是锻炼强身，比利布兰克斯都创造了一个全新的概念。

传统的有氧健身操经过了十几年的推广与传播，已深受广大体育爱好者的喜爱，但大多数人对于有氧搏击操可能还是有些陌生，甚至有些人认为搏击之类的动作有些野蛮与残酷。其实不然，有氧搏击操不但运动量大，能够帮助健身者消耗热量，而且对促进心血管健康也有帮助。对现代人来说，有氧搏击操是一种好玩而不伤害任何人的发泄方法。因为健身者不是跟别人搏击，也无需任何器材，而是面向镜子向空中挥拳。有氧搏击是在有氧健身操的基础上，融音乐、舞蹈、武术、拳击、跆拳道为一体，以搏击运动为基础内容，使锻炼者在原来科学、安全、有效的基础上更具特性与魅力，其独到之处是在节奏清晰的音乐伴奏下，在英姿飒爽的拳脚之间得到了身体的健康、威武及豪气。

(二) 有氧搏击操在我国的发展

随着我国全民健身活动的兴起,有氧搏击操作为一种健身运动,也进入了各大城市的健身中心。北京、上海、杭州、南京、广州、郑州、武汉等城市各大健身房先后都开设了有氧搏击操班课程。因为有氧搏击操要求速度和力度的完美结合,所以,一节完整的有氧搏击操会消耗大量的热量,一个体重60千克的人,做一个小时的有氧搏击操可消耗2508焦耳(600卡)的热量,是健美操的两倍。有氧搏击操能够让健身者减少侧腰、腹部、大腿、手臂、肩、背的脂肪,达到瘦身的目的。由于有氧搏击操动作变化多端,包括直拳、勾拳、摆拳、前踢、横踢、后踢等搏击动作,而且做每个动作时要求迅猛,有爆发力,所以,健身者在锻炼全身每一块肌肉的同时,身体的弹性、柔韧性以及反应速度也得到了提高。另外,有氧搏击操在出拳时,要求腹肌收缩、大吼一声,不但可以锻炼腰腹肌,而且是缓解情绪的好方法。通过这种方法宣泄情绪、减轻压力,想象一个假想就在自己面前,出拳、踢腿、发泄心中的不满,一个小时后,心情会轻松下来,只要跳过有氧搏击操的人都感觉畅快不已。

许多健美操、武术、跆拳道、拳击专业从业者也开始练习有氧搏击操,有氧搏击操在各个体育院校和普通高校中广为传播,许多高校都开设了有氧搏击操选项课。在大学校园中,许多体育爱好者也组织起来练习有氧搏击操。

目前在我国各健身中心和高等院校迅速兴起了一股练习有氧搏击操的热潮,受到了普遍的欢迎,吸引广大青少年加入到科学、健康的有氧搏击操健身行列,使这种新的健身文化运动形式更快地走向主流舞台,在全民健身这个广阔的领域里更好地发展。当人们真正参与有氧搏击操锻炼时,就会了解到其中的快乐所在,很快就会被其独特的魅力所吸引,并从中得到益处。

二、有氧搏击操的特点和功能

(一) 有氧搏击操的特点

1. 科学安全,全面健身

(1) 科学性。有氧搏击操是遵循有氧健身操的锻炼原则而进行的,因此,它属于有氧运动。而有氧运动可以使人的各个循环系统得到锻炼,从而加强各个循环系统的功能,增进身体健康并增强抵御疾病的能力。同时,有氧锻炼可以有效地消耗能量,减少体内多余的脂肪,因而达到减肥的目的。

(2) 安全性。有氧搏击操严格按有氧操的结构进行,因此其强度适中,运动量可以控制,动作的选择也是以增进健康与避免伤害为原则。同时,它只有想象中的目标,而非面对面的搏击,这就使锻炼更具安全性。

（3）有效性。有氧搏击操的目标是想象的，在练习时，通常可以将自己想要击中的目标假设在一处，通过一些搏击的动作将目标击中，从而发展自身某一部位的肌肉和力量，找到心理平衡点，达到有效的健身、健心的目的。

（4）全面性。有氧搏击操的练习分手臂、躯干、步伐、腿法及综合练习，它的动作虽然比较简单，却要动用躯体的多部位参与，如：直拳动作，首先通过右脚蹬地，将力量传递到大腿、脊柱，再经过腰部转动将力量传递到胸、肩、手臂，最后才传递到拳上。

2. 简单易学

有氧搏击操采用中速偏慢的迪斯科音乐，节奏分明，易于掌握。另外，搏击操的内容是有选择的，被吸纳的动作也是经过简化分解的。例如，在拳击中的直拳、勾拳、摆拳等，在腿法中的前踢、侧踢、摆踢等。这些动作不仅直观，而且动作要求也只限于用力的顺序与用力的正确位置，并不要求像拳击、搏击竞赛与实战那样快速准确，因此，一般人都能够完成这些练习。此外，它不强调复杂的动作组合，而且运动中的变化，特别是方向的变化也较少，加之教学多采用分解及慢速的方法，这就更有利于练习者学习和掌握动作。

3. 挑战性与娱乐性

在有氧搏击操强劲有力的音乐伴奏下和教练员或教师的带动下，所有练习者做着刚劲有力的动作。同时，在发力时伴着整齐洪亮的呐喊声，整个练习过程的气氛非常热烈。练习者在这种氛围下练习，其热情将极大提高，将原本艰难的练习过程变得轻松愉快，激动人心。当面对假想的敌人而产生激情时，锻炼者可以从中得到挑战的乐趣并获得胜利的喜悦。

> **友情提示：**
>
> 搏击操要显示"虎虎生威"的力度
>
> 富于爆发力和刺激性的搏击操，在激情洋溢的音乐节拍下，面对假设的攻击对象，每出一拳都坚定有力，每踢一脚都显得虎虎生威，每喊一声都要震撼人心。设想在如此气氛中练习搏击操，不仅使练习者获得娱乐与挑战的乐趣，还能培养积极进取的勇敢精神。

（二）有氧搏击操的功能

1. 增强肌肉的力量、弹性与身体的柔韧性

有氧搏击操的动作要求发力时迅速有力，但回收时自然、放松、快捷。通过局部与综合的动作练习过程，使动作速度不仅逐渐加快，并且通过大幅度的反复练习和肌纤维的反复伸缩，使肌肉的力量与弹性得到了增强，反应速度加快。同

时,各种踢腿对提高下肢的柔韧性非常有效。

2. 消耗大量的能量

有氧搏击操采用的是长时间、中低强度的运动,属于有氧耗脂运动,其主要能量来源于体内的糖类和脂肪等能源物质的分解。因此,有氧搏击操练习对于那些希望减少体内脂肪的练习者无疑是一项非常有益的运动。

3. 针对腰腹的特殊锻炼效果

有氧搏击操的各种拳法与腿法,都要求腰腹发力,可以说腰腹练习始终贯穿于整个练习之中,大量腰部的转动与腹部的收缩,使锻炼者的腹部变得强健平坦,不再让多余的赘肉堆积在腰腹部。

4. 增强自信,调节情绪

通过有氧搏击操的练习,练习者的身体素质得到了发展,身体健康水平得到了提高,形体更接近理想,从而使锻炼者在日常的生活和工作中更具活力。

一旦投入到有氧搏击操的练习,练习者很快就会被所处的热烈气氛所感染和融化,并由此释放压抑的情绪,使不良情绪得到缓解与改变,从而放松身心。

三、有氧搏击操的基本动作

(一)站姿

搏击操的站姿来源于搏击项目的防卫姿态,分正面站姿与格斗站姿。

(1)正面站姿。两腿左右开立,两腿微屈,重心在两腿之间,腹稍收,两肩放松,两臂屈肘握拳于下颌部,两上臂垂直于地面。

(2)格斗站姿。两脚前后开立,重心在前脚,后脚脚跟抬起,达到最大缓冲。下颌收紧贴向身体,在击拳和踢腿之前眼睛一直看着目标。不出拳时,两手握拳置于脸的前方,控制肘关节周围肌群的收缩,不使关节过分强直,保持防御姿势。

(二)拳法

拳:双手指关节依次卷屈握紧,拇指扣住食指和中指的第二指节。

掌:四指并拢伸直,拇指弯曲紧扣于虎口处。

发力:拳法一般由站姿开始。以右手出拳为例,出拳时,右脚蹬地,将力量传递到腿和腰腹部,再由腰腹带动手臂出拳。注意右腿与腰腹发力瞬间的同时带动手臂向外发力至虚拟击点,紧接着将拳收回,整个过程应该一气呵成。

1. 直拳

由站姿手臂位置开始,发力由腿、腰带动冲拳,同时手臂内旋到达虚拟远端击点。至击点前手臂保持放松,达到击点后的一瞬间紧张,随后放松收回成站姿手臂位置(图6-39)。

2. 勾拳

开始姿势和发力与直拳相同,先向后摆,再由后经下向上冲拳至虚拟远端击点,肘关节屈并始终保持90°左右(图6-40)。

① ② ① ②
图6-39 直拳　　　　　图6-40 勾拳

3. 摆拳

开始姿势和发力与直拳相同,屈臂向外提肘,手臂弧形摆动直至虚拟远端击点,然后收回至开始姿势(图6-41)。

(三)腿法

1. 顶膝

以顶右腿为例,左腿稍屈,右腿用力提膝,同时微收腹,上体稍后倾(图6-42)。

① ②
图6-41 摆拳　　　　　图6-42 顶膝

2. 踢腿

(1)前踢。以踢右腿为例,左腿在前,右腿在后,屈膝,右脚蹬地,重心向前移至左腿,身体稍后倾,右腿以髋关节以轴屈膝抬起,随即,以膝关节为轴向前伸膝、送髋、顶髋、把小腿快速向前踢出,力达脚尖或脚跟(图6-43)。

(2)侧踢。以踢右腿为例,两腿交叉站立,右腿蹬地,以髋关节为轴,向侧上方屈膝抬起,重心移至左腿,上体微向左倾,随即,右小腿为膝关节为轴向侧上方蹬出,力达脚跟或脚掌(图6-44)。

图6-43 前踢　　　　　　　图6-44 侧踢

(3)后踢。以右腿为例,右腿在前,左腿在后,屈膝站立,右腿蹬地,重心向后移至左腿,上体前倾,右腿以髋关节为轴屈膝前抬,随即,以膝关节为轴向后伸膝、送髋,将小腿快速向体后踢出,力达脚尖或脚跟(图6-45)。

图6-45 后踢

四、有氧搏击操的教学提示

(一)充分的准备活动

有氧搏击操是将音乐、舞蹈、武术、拳击、跆拳道的动作混合在一起,并且配合着动感十足的背景音乐、极富爆发力的动作,可在汗水中尽情释放激情和活力,所以,在跳有氧搏击操之前,需要做各关节基本动作的准备活动,使身体预热,做到既能在跳时动感十足,极富爆发力,又可避免运动损伤,更有利于动作的掌握和展现。

(二) 合理安排教学内容和组织形式

有氧搏击操是以选取音乐、舞蹈、武术、拳击、跆拳道等动作为素材,依照体育健身的原则与方法形成的独具魅力的体育健身形式。安排教学内容时,要充分体现全面锻炼身体、增进健康的动作要求,避免局部练习负担过重,造成不必要的损伤。其教学组织形式应体现灵活性、多样性,既可展现自我,又要兼顾集体配合。注意组织形式的多变,发挥有氧搏击操重视瞬间的爆发力、感观刺激、创新性的特点。

(三) 教学场地的选择

教学环境无特殊要求,室内室外均可选用。选择练习场地要遵循健康、安全的原则,避免在拥挤的房间内做后踢等动作,以防止学生在练习中受到损伤。

思考题

1. 简述健美操特殊课种的健身功效和在教学中的注意事项。
2. 简述健美操各特殊课种的特点与功能。
3. 谈谈自己对这些健美操的认识。
4. 选择自己最喜欢的一种健美操进行锻炼,并谈谈感受。

第七章 健美操竞赛的组织

章前导言

健美操竞赛有其自身的意义和特点,如何组织健美操竞赛以及根据规则对健美操的竞赛实施裁判工作,在健美操的学习中也是极其重要的。学习健美操竞赛的组织和裁判工作,能够提高学生独立工作的能力、组织管理的能力和社会活动能力。

学习目标

1. 了解高校健美操竞赛的意义。
2. 了解高校健美操竞赛的特点。
3. 了解高校健美操竞赛的组织方法。
4. 初步掌握健美操竞赛的规则。
5. 初步掌握健美操竞赛的裁判方法。

关键词

健美操竞赛　组织　规则　裁判

第一节　高校健美操竞赛的意义和特点

一、高校健美操竞赛的意义

（一）提高学生的健康意识，推动健美操运动的发展

高校开展健美操运动，不仅符合大学生心理和生理特点，而且也满足了大学生的兴趣爱好，有利于大学生身体各器官和系统的正常发育，有利于大学生健美形体的塑造，增强大学生的体质。健美操的广泛开展，促进了高校健美操的竞赛活动，各种不同层次的健美操竞赛，为大学生提供了展示自我、表现自我、显示健康美的一个平台，也为大学生提供了尝试心理上的愉悦与满足的机会，从而使大学生更加热爱体育运动，更加热爱生活。

（二）促进校园文化建设，丰富课余文化生活

通过各类健美操竞赛活动，吸引更多的学生参与到健美操运动中，在时代音乐的伴奏下，有节奏地展示有一定难度的、姿态优美的各种动作，使音乐、动作、自我表现融为一体，汗水、愉悦、健美集于一身，使大家过剩的精力得到释放，锻炼了身体，净化了心灵，又提高了审美情趣，陶冶了情操，促进了校园文化建设，丰富了校园的文化生活。

（三）检验健美操教学与学习，提高教学质量

目前，健美操运动已成为高校体育教学一个重点教学项目，体育教学与学习的质量如何，取得什么进步和存在什么问题，可以通过健美操的教学比赛反映出来，从而找到改进教学与练习的途径与方法。通过健美操竞赛可以检验健美操教学并促进运动技术水平的提高，也给教师和练习者提供了互相学习、互相交流的机会。

（四）培养学生正确的审美观，提高学生的综合素质

通过健美操各种竞赛活动，宣传健美操运动项目的美学特性，培养学生对美的感受能力、鉴赏能力、表现能力和创造能力，提高学生的审美素质，为全面发展学生的综合素质打下基础。

二、高校健美操竞赛的特点

（一）组织形式多样性

高校健美操竞赛主要包括校内竞赛和校际竞赛。校内竞赛有班级之间、院系之间和年级之间的比赛。校际竞赛有各种教学比赛、各类邀请赛、杯赛和由教育行政部门组织的健美操竞赛以及大学生健美操协会组织的健美操锦标赛等。

校际间的比赛一般采用较正规的竞赛形式,这类竞赛有专门的竞赛规程和规则,组织形式较正规。校内的健美操竞赛形式多种多样,内容可以根据一定的目的和任务灵活地安排。例如,为了提高教学质量、进行教学交流,可以举办健美操教学比赛;为了选拔校级代表队参加有关比赛,可以举行健美操选拔赛;为了丰富校园文化生活,为学生提供展示自我的舞台,可以举办健美操表演赛;为了开展群众性的体育活动,提高健美操运动技术水平,可以定期举办全校性的健美操比赛等。

(二) 参与面广,观赏性强

高校的健美操比赛可以根据不同的目的和要求制定特定的规程和规则,如国际健美操竞赛规则规定比赛项目的人数为单人、双人、3人和6人,高校健美操比赛的人数可以定为8人、10人、16人甚至更多,这样可以鼓励更多的学生参与健美操运动,同时也是宣传健美操运动的极好举措。由于健美操竞赛有关于基本动作、难度动作、队形变化、服装整齐、音乐创编、运动员的表演、表情等多方面的要求,所以,比赛的观赏性非常强,加上健美操竞赛有鲜明的节奏,热情奔放、多变化的动作,给人以一种蓬勃向上、精神振奋、尽情自我挥洒的驱动力,使运动者和观赏者都能感受到健与美的美妙境界,可以满足当今学生求新求异的心理特点及精神需求。因此,组织好一次成功的健美操竞赛,对于活跃校园文化生活,推动健美操运动不断深入发展是极为有利的。

(三) 增进友谊,提高学生社交能力

高校健美操竞赛以其固有的刺激性、娱乐性和欢快性,丰富了大学生的精神生活,使之在紧张的学习之余,能体验到激动的情绪,感到心情愉快、精力旺盛、情绪高涨。通过健美操竞赛活动的精神氛围,能消除大学生心理上和情绪上的自我干扰和互相摩擦,这对协调人际关系,增进学生之间的友谊是有益的。

大学生在学校的健美操竞赛中担任着组织者、领队、教练员、运动员、裁判员、工作人员等不同的角色,在这个团队里由于分工不同使他们逐步积累不同的角色体验和经验,这既发展了个人的才干,又体会了团队协作的重要,从而逐步学会了自我管理,不断增强团队意识,提高团队精神以及独立工作能力、组织管理能力和社会活动能力。这对于大学生今后走上社会具有一定的帮助。

第二节 健美操竞赛的组织办法

健美操竞赛是为了更好地促进和推动健美操的普及和技术水平的提高,也是检查教学和学习工作的重要手段。竞赛中,运动员结实而健康的身体,优美而矫健的动作、朝气蓬勃的精神面貌,能使同学们受到教育,振奋精神,增添乐趣,

吸引、鼓舞同学们参加此项活动，使之成为群众性的体育活动。

竞赛还可以达到互相观摩学习、广泛交流、总结经验、提高技术水平的目的，也可以增进校际、年级、班级以及同学之间的友谊和团结协作精神。

一、健美操比赛的种类

健美操比赛的种类很多，可分为锦标赛、邀请赛、友谊赛、选拔赛、教学比赛等。

二、高校健美操竞赛的组织工作

高校健美操比赛一般分赛前、赛中和赛后三个阶段。三个阶段必须互相紧密细致地联系在一起，有一个紧密的组织工作小组并有明确分工。

1. 赛前

首先建立组织机构，制定竞赛规程，编排竞赛日程，编印秩序册，组织裁判学习，准备竞赛场地。

2. 赛中

（1）开幕式。比赛开始前，要有一个隆重而简短的开幕式，要求入场队形简单、美观、整齐。开幕式的一般程序是宣布大会开始—裁判员运动员入场—领导致开幕词—运动员代表讲话—裁判员、运动员退场。

（2）做好比赛前的检录工作。开赛前 10~15 分钟组织裁判员、运动员在指定的地点集合，检查人数，核对运动员号码，准备按时入场。

（3）比赛前、比赛中的广播宣传。广播员要根据宣传组的要求和比赛中的实际情况做好宣传工作，如介绍简单的竞赛规程、规则和比赛项目的特点等。

（4）比赛过程。要求比赛组织者以及裁判人员在岗、在位，认真负责地履行自己的工作义务，使比赛有序地进行。

（5）闭幕式颁奖。闭幕式的一般程序是宣布闭幕式开始—运动员入场—领导致闭幕词—总裁判长宣布比赛成绩—颁奖—运动员退场—宣布大会闭幕。

3. 赛后

比赛全部结束，竞赛组立即将比赛成绩编印成册，并在运动队离会前及时发至各参赛单位及有关部门和工作人员。

大会各部门及时进行工作总结，并安排运动员及工作人员离会。

三、健美操比赛的内容、时间、场地

竞赛的内容有规定动作和自选动作，或只进行规定动作、自选动作、或指定几个难度动作、自编成套动作比赛等。时间、场地大小可根据情况自定。

四、竞赛的办法和记分

竞赛按预赛和决赛顺序进行。

预赛:举行规定动作和自选动作的比赛,或只举行规定动作比赛,或只举行自选动作的比赛。记分方法为规定动作最高分为 10 分,自选动作最高分为 20 分(编排分 10 分,完成质量分 10 分),规定和自选动作得分之和为预赛成绩。

决赛:在预赛中成绩较优的前 8 名,再举行一次自选动作的比赛。第 8 名如有若干个队得分相等,则得分相等的队均可决赛。记分方法为决赛成绩得分高者名次列前,如遇两队或两队以上的成绩相等,以编排成绩优者名次列前,如仍相等名次并列,下个名次空缺。

五、高校健美操竞赛的裁判工作

(一)裁判法

1. 裁判长

(1)组织裁判员学习规则,统一评分标准,研究评分细则。

(2)赛前 5 分钟召集裁判组人员准备入场。

(3)发出比赛开始信号,领导裁判组现场评分。

(4)检查评分情况,如发现裁判不公正时,应向其提出批评,情节严重者应向仲裁委员会报告处理。

(5)在记录员的协助下,查看成套动作的时间,视情况给予扣分。

(6)检查评分差距,计算并出示最后得分。

(7)有权召集裁判员会商。

(8)对教练员、运动员行为错误给予扣分,情节严重者给予警告或取消其比赛资格。

2. 裁判员

(1)熟悉竞赛规程,精通竞赛规则及裁判法进行独立评分。

(2)必须在裁判员评分表上做好记录,作为评分依据,便于检查。

(3)遵守裁判员守则,按照规则进行评分。

(4)尊重并服从裁判长的领导,有权用适当的方式,在适当的场合向裁判长提出意见。

3. 计时员

(1)了解比赛规则,熟悉成套动作规定时间。

(2)赛前实习计时器性能及使用方法。

(3)比赛时运动员动作开始时开表,运动员最后动作结束时停表。集体项目第一人动作开始时开表,最后一人动作结束时停表。

（4）熟练、准确地向裁判长报告成套动作的时间。

4. 检录员

（1）赛前20分钟负责第一次点名,赛前5分钟集合运动员讲解有关比赛的注意事项。

（2）如果有运动员弃权应立即通知裁判长。

（3）比赛开始时或发奖时,负责带领运动员入场或退场。

5. 总记录员

（1）登记并审核记录员填写的"比赛评分记录表"。

（2）准确、迅速地计算出运动员名次,得分和团体总分及名次。

（3）比赛结束后,协助竞赛委员会编写成绩册,负责整理比赛用的所有表格资料。

6. 放音员

（1）在运动员报到时负责收存比赛用的录音带,根据比赛出场顺序编号。

（2）比赛结束把录音带及时归还运动员,比赛过程中,不准任何人借用或复制录音带和CD。

7. 评分方法

（1）公开亮分制。比赛采用公开亮分制,运动员的最高得分为10分,裁判员评分精确到0.1分,运动员成绩最后精确到0.01分。最后得分超出小数点后两位,按四舍五入原则计算。

（2）最后得分。在裁判员评分中,去掉一个最高分,去掉一个最低分,中间分数的平均分为运动员的最后得分。如中间分差超出规定范围,可调整个别分数。

（3）中间分差范围。中间分平均值在：

9.50~10.10	分差为0.2分
9.00~9.47	分差为0.3分
8.50~8.97	分差为0.5分
在8.50以下	分差为1分

例如:5位裁判的评分是9.90、9.80、9.60、9.90、9.60,则平均分为9.77分,同中间3个分的分差(9.90与9.60)为0.3分,此分无效。若9.90、9.80、9.90、9.70、9.60,平均分为9.73,中间分差为0.2,此分有效。

（4）会商。当中间分差超过规定范围时,裁判长有权召集裁判员会商调整分数,若得不到解决时,则采用裁判长分数与中间数的平均分相加被2除的办法,计算出最后得分(基分)。

计算公式=(裁判长分+中间分的平均分)/2=基分

(二) 健美操评分特点

1. 正确的造型

健美操的评分应着眼于正确的动作造型和熟练的技术,而故意吸引观众的表演手段,则要予以相应的减分。

2. 动作对身体的影响

健美操动作要有利于身体的健康,其评分范畴、规则明确规定不得做倒立位置的技巧动作,不得做易造成伤害的动作,这是区别于其他竞技体育项目的一个显著特点。

3. 自身特点

健美操广泛吸收和借鉴邻近项目的动作,如体操、舞蹈、武术等,但它又区别于这些项目。在比赛中,具有独立于其他项目的技术、能力,才能获得高分;完全照搬,不加以改进的拼凑,则被认为是低水平的。

4. 基本姿态

健美操的评分强调动作的基本姿态。在成套动作的完成过程中,均要有身体形态和基本姿态的意识。基本姿态要求为重心向上、身体放松、躯干正直、收腹挺胸、两肩下沉。

5. 创造性

健美操的动作应充分伸展、幅度大,成套动作应流畅有节奏,连接动作和方法应有创造性。

6. 音乐的选配

健美操的音乐应与所选动作的性质相符合,音乐的节奏应与每个动作合拍。

7. 一致性

集体项目应注意节奏、表演风格、高度、幅度和体型、姿势的一致性。据此,健美操评分特点可以归纳为:形、力、健、美、新、意、气、神。

8. 组织编排

成套动作素材的多样化,不得多次重复某个动作,应注意动作对身体的影响。成套动作要有多次经过位移产生位置变化,场地利用要充分。编排风格独特,与众不同,超出习惯范围。音乐选配与动作性质、节奏、风格、情绪相统一。

9. 完成情况

在成套动作中,动作完成质量是决定能否有好成绩的重要因素。它包括:动作技术和姿势的正确、幅度、熟练性、协调性等。

10. 总印象

它是裁判员对健美操成套动作主观的综合评定,包括:特点、体型、表现力、优美性等方面。表现力是指人的内在精神气质和外在动作表现的统一,它反应在表情、情绪等方面,动作完成情况是优美性的基础,表现得淳朴、真实、自然,就给人以美的感受。反之,矫揉造作,赛场上戏剧性的表演或过分呆滞,均会严重影响成套动作的整体效果。因此,裁判员对成套动作表现力、优美性应予以综合评定。集体项目对运动员整体的协调一致性要求甚高,因而在比赛中,由于人数多,运动员诸方面存在的差异,均会造成错误机会的增加。集体项目与单人项目成套动作均采用10分制评分方法,所以裁判员在评分过程中,应有一定的灵活性,即个人项目评分从严,集体项目评分从宽的原则。

思考题

1. 高校健美操比赛的种类有哪些?
2. 健美操的组织工作包括哪几个环节?
3. 健美操裁判内容有哪些?

第八章 健美操运动的欣赏

章前导言

现代体育在发展过程中不断提升其审美意蕴,增强其欣赏性和娱乐性,注重美的创造与发掘,尤其是体育比赛,更是运动员创造美与观众欣赏美的过程。健美操运动有其自身的特点,它是健与美的结合。对于追求美、追求时尚的当代大学生来说,不仅要参与健美操运动,还要懂得如何欣赏健美操,提高对健美操的欣赏水平,在健美操运动中发现美,接受美的教育。

学习目标

1. 了解健美操运动欣赏的本质特征及含义。
2. 了解健美操运动欣赏评价的客观标准。
3. 了解健美操运动欣赏的内容和方法。
4. 了解健美操运动欣赏能力的培养途径。

关键词

健美操运动　欣赏

第一节　健美操运动欣赏的内容

在健美操运动中,美无处不在。"对于我们来说,不是没有美,而是缺乏一双发现美的眼睛"。为了提高对体育美的认知水平,杜绝不健康、不道德及缺乏价值的内容,本节概括了健美操运动欣赏的线条和形体美、色彩美、声音美和动作美四个方面的内容。

一、线条和形体美

线条和形体是构成人体美的基础。线条有直线和曲线两种。英国美学家威廉·荷迦兹在《美的分析》中指出,波状线和蛇行线是最美的,他把波状线称为"美的线条",蛇行线称为"富有吸引力的线条"。一般来说,垂直线给人以坚硬、庄严、高昂的感受,曲线给人以舒展、柔和、流畅的感受。在通常情况下,男性的健美表现为刚健有力,直线多一些;女性的健美则表现为柔美秀丽,曲线多一些。如果把男、女的形体健美加以分类的话,大体可归为刚、柔两类。当然这种分类只是近似的、相对的。实际上,刚柔是相互渗透、相辅相成的。在健美操运动员中,在男性强健的身体上可以找到柔和的曲线之美,他们可以做出灵巧的动作,这就是刚中有柔;而女性秀美的身姿也显得矫健有力,她们可以做出强劲的动作,这便是柔中有刚。在健美操的线条因素中,常常是既刚柔相分,又刚柔相济的。

形体是物体空间的几何形式,它由点、线、面、体诸要素构成。健美操的形体美,则由男女运动员自身形体的静态美和操化动作形体的动态美两方面所组成。从静态方面来看,美的形体要具备三个条件:第一,以骨骼为支架所构成的人体各部分比例要匀称、合理,如头、躯干、四肢的比例,头、颈、胸的联结,都要合理,而不是失调的;腰椎、臂骨、腿骨的发育是良好的,而不是畸形的。第二,由肌肉的完美发达所呈现的人体形态要强健而协调。第三,是肤色的美观,即红润而有光泽。只要加强锻炼,身体健康,美观的肤色是可以获得的。从动态方面来看,健美操运动员的形体美主要依靠健美操的动作创编以及运动员对这些连贯动作组和动作群的表现力。动作美是在协调一致的动作流程中显现的,它的基础是节奏,还包括连续造型,从而构成了动态美。运动是生命的象征,生命活动是一个不断运动变化的过程,而创造自由,正是动态美的实质所在。

二、色彩美

色彩是物体吸收或反射不同波长的光作用于人的视网膜而呈现出的颜色。

色彩作为健美操欣赏的内容之一,它有冷暖、轻重、远近、明暗的视觉效果。色彩具有情感性和象征性,比如红、橙属于暖色,给人以热烈、兴奋、活跃、喜悦之感;青、蓝属于冷色,给人以深远、幽静、庄重、严谨、典雅之感;草绿、银灰色属于中性,给人以柔和、娴静、和谐之感。如看到红色,就不由地使人想起血与火,因而产生热烈兴奋的情绪。所以在排练竞技健美操时,宜铺大红色地毯,使运动员较易进入兴奋状态,与健美操动作的力度相适应,能收到较好的效果。而要排练健美操的手位操时,除音乐应委婉流畅外,运动员的服装应以冷色为宜,尤其以蓝色为佳。因为见到蓝色,可以使人联想到天空和海洋,产生平和宁静的心情。这样,在音乐的伴奏下,手位操的动作和感觉可以达到最佳程度。而健身健美操的踏板操,音乐强烈、奔放,如滔滔江水奔腾而来,动作也是那么强劲有力,幅度大。这时,运动员宜着红色或黄色服装,因为黄色使人感到轻、近、暖、亮,与强烈的节奏和粗犷的动作较为协调。

三、声音美

声音是听觉器官对一定频率的声波振动的反应,声音分为乐音和噪声两类,规则和谐的振动是乐音,不规则与不和谐的振动是噪声。声音是流动、抽象的,它的审美特征不在于描绘,而在于表现。声音的高低、长短、强弱与人的生理和心理机制之间有一定的对应关系。声音上升会引起昂扬、热烈向上等情绪反应,声音下降会引起凄婉哀伤之感,人们还能从声音组成的节奏、旋律、和声中得到欣赏的美感。节奏、旋律、和声是音乐语言的主要因素,也是健美操欣赏的重要内容。

健美操运动必须在音乐伴奏下练习,可以说音乐是健美操运动的灵魂。与艺术体操相比,健美操运动更强调动作的力度。因此,它的音乐节奏趋于鲜明强劲,风格更趋于热烈奔放。健美操音乐多取材于迪斯科、爵士、摇滚等现代音乐和具有上述特点的民族乐曲,使健美操运动体现出一种鲜明的现代韵律感。此外,节奏鲜明清晰使练习者易于随乐起舞。这种有节奏、韵律的身体练习,能激发练习者的情绪,使之不会感到疲劳,而会产生一种轻松愉快的感觉,既得到了美的享受,又提高了协调性、节奏感、韵律感和表现力。声音成为形式美的因素,还在于它能激发审美主体的联想。黑格尔说:"音乐是心情的艺术"。好的健美操音乐,能引起练习者的联想,调动其内在的情感,从而与动作协调一致,产生更好的欣赏效果。

四、动作美

在大多数情况下,健美操运动属于集体运动项目,这就要求在健美操成套动作的编排上要遵循动作的整齐、对称、对比、节奏和多样的统一的形式美法则。整齐是最简单的形式美，即形体、服装、动作技术、节奏变化、动作与音乐配合、表现风格等方面的统一，没有明显的差异，给人留下庄重、刚劲、有力的印象；对称是指上下、左右或辐射的相同形状，主要表现在动作路线的对称，动作造型的对称、队形图案的对称上；对比是由具有显著差异的形式因素互相结合而成的，主要包括音乐节奏的对比，动作幅度的对比，动作刚柔力度的对比，成套组合高度起伏的对比，对比充分，使健美操组合显示出跌宕起伏，自然优美。

节奏是指在运动过程中有秩序地连续，有规律地反复。构成节奏有两个重要关系：一是时间关系，指运动过程；二是力的关系，指强弱的变化。把运动过程中这种强弱的变化有规律地组合起来加以反复，便形成了节奏。在竞技健美操中节奏的运用主要体现在音乐节奏变化和成套动作节奏的变化上：音乐节奏变化体现在速度快慢、力度大小、曲调强弱等方面；动作节奏变化体现在紧张松弛动作的交替、刚柔动作的交替、同一动作不同节奏的完成等方面。音乐节奏变化与动作节奏变化和谐一致，才展现出该项目有规律的形式美。

和谐也称多样统一，是形式美法则的高级形式。在和谐中，消除了各种差异的对立，而融合为浑然的整体，和谐的本质是多样的统一。"多样"是整体中所包含的各部分在形式上相互区别的差异性，体现了各种事物个性的千姿百态和丰富变化。在竞技健美操中体现在动作组合、难度动作和过渡连接动作、移动路线和动作节奏的多样性上。多样性增强比赛的可视性和观赏性，同时全面反映运动员各个方面的能力。所谓"统一"是整体中包含的各个部分在形式上的某种共同特征，以及他们之间的相互呼应和衬托的关系，体现了各个事物的共性和整体联系。无论竞技健美操的动作编排、姿态造型如何多样，都符合成套动作所要表达的主题思想和竞技健美操的最根本的特色。

第二节　如何欣赏健美操运动

竞技健美操与大众健美操除了在技术层面的差异之外，对于普通人来说，竞技健美操是一种欣赏，面对那些眼花缭乱的高难度动作，只能是啧啧赞叹，而对大众健美操的感情则是共享，可以深受感染进而参与其中，找到适合自己的锻炼等级。欣赏与共享，包容着竞技体育和群众体育这两个侧面，同样精彩，又缺一不可。

健美操运动作为群众性的健身手段和方法，在进行迪斯科操、形体健美操、舞蹈健美操、有氧健美操等练习时，不要刻意追求其形式或模式。操化动作的难易程度、动作幅度、运动量大小和运动强度要因人而异。健身操的编排要合理，达到健身、健心,全面锻炼身体的目的。

健美操的竞赛不同于群众性的健身活动,是根据规则的要求编排而成的。虽然已有普及性健美操的比赛规则,但各地区、各单位可根据自身的比赛性质和特点,提出要求,制定规程。无论是中、老年或青年健美操比赛,还是竞技健美操比赛,要看成套操是否具有全面锻炼身体的价值,动作设计是否符合年龄的特点和本人所完成动作的能力。在观赏健美操比赛时,应从成套动作的艺术性和完成情况两方面去欣赏。

1. 艺术性

动作编排设计要新颖、舒展、美观、大方,动作之间的连接要合理、巧妙,动作素材要新颖、多样化,一套动作要有好的开始和成功的结尾。动作的开始应和后面的动作很好地融合,结束动作要和前面动作相呼应。动作类型、表现应和音乐的风格相一致,协调统一。在集体项目中,运动员配合要默契,相互间要有交流。队形变换要自然、流畅、清晰,并且要充分利用场地。选择的音乐要动听、优美、健康。

2. 完成情况

身体姿势正确,技术规范,动作准确到位。力度是健美操的特点之一,做动作时不能松懈、无力。集体动作要整齐,包括动作幅度的大小都要一致,整齐划一。在完成动作时的表现力也是很重要的,运动员通过自己的表演和表情去感染观众,同时激发自己的情绪。设计新颖、合体统一的健美操服装、鞋子和整洁的发式,展现了运动员的精神面貌,使运动员的形体更加优美,为比赛或表演增添了魅力。一套好的健美操,集健身、艺术表现为一休,使人赏心悦目,振奋精神,给人以美的享受。

知识链接 8-1

集体项目的队形变化

在队形变化过程中,或直接转换、或依次转换、或在动作过程中转换,可以演示出各种各样的队形。如直线、弧线、三角形、圆形、箭形、方形以及各种不规则的队形,这些队形具有强烈的流动感,整个场面始终处于绵绵不断地运动变化之中。

思考题

简述如何欣赏健美操。

附录一 《国家学生体质健康标准》评分标准

《国家学生体质健康标准》评分标准见附表1至附表4。

附表1 大学一年级至四年级男生身高标准体重（体重单位：千克）

身高段（厘米）	营养不良	较低体重	正常体重	超重	肥胖
	50分	60分	100分	60分	50分
144.0～144.9	<41.5	41.5～46.3	46.4～51.9	52.0～53.7	≥53.8
145.0～145.9	<41.8	41.8～46.7	46.8～52.6	52.7～54.5	≥54.6
146.0～146.9	<42.1	42.1～47.1	47.2～53.1	53.2～55.1	≥55.2
147.0～147.9	<42.4	42.4～47.5	47.6～53.7	53.8～55.7	≥55.8
148.0～148.9	<42.6	42.6～47.9	48.0～54.2	54.3～56.3	≥56.4
149.0～149.9	<42.9	42.9～48.3	48.4～54.8	54.9～56.6	≥56.7
150.0～150.9	<43.2	43.2～48.8	48.9～55.4	55.5～57.6	≥57.7
151.0～151.9	<43.5	43.5～49.2	49.3～56.0	56.1～58.2	≥58.3
152.0～152.9	<43.9	43.9～49.7	49.8～56.5	56.6～58.7	≥58.8
153.0～153.9	<44.2	44.2～50.1	50.2～57.0	57.1～59.3	≥59.4
154.0～154.9	<44.7	44.7～50.6	50.7～57.5	57.6～59.8	≥59.9
155.0～155.9	<45.2	45.2～51.1	51.2～58.0	58.1～60.7	≥60.8
156.0～156.9	<45.6	45.6～51.6	51.7～58.7	58.8～61.0	≥61.1
157.0～157.9	<46.1	46.1～52.1	52.2～59.2	59.3～61.5	≥61.6
158.0～158.9	<46.6	46.6～52.6	52.7～59.8	59.9～62.2	≥62.3
159.0～159.9	<46.9	46.9～53.1	53.2～60.3	60.4～62.7	≥62.8
160.0～160.9	<47.4	47.4～53.6	53.7～60.9	61.0～63.4	≥63.5
161.0～161.9	<48.1	48.1～54.3	54.4～61.6	61.7～64.1	≥64.2
162.0～162.9	<48.5	48.5～54.8	54.9～62.2	62.3～64.8	≥64.9
163.0～163.9	<49.0	49.0～55.3	55.4～62.8	62.9～65.3	≥65.4
164.0～164.9	<49.5	49.5～55.9	56.0～63.4	63.5～65.9	≥66.0
165.0～165.9	<49.9	49.9～56.4	56.5～64.1	64.2～66.6	≥66.7
166.0～166.9	<50.4	50.4～56.9	57.0～64.6	64.7～67.0	≥67.1
167.0～167.9	<50.8	50.8～57.3	57.4～65.0	65.1～67.5	≥67.6
168.0～168.9	<51.1	51.1～57.7	57.8～65.5	65.6～68.1	≥68.2

续表

身高段(厘米)	营养不良 50分	较低体重 60分	正常体重 100分	超重 60分	肥胖 50分
169.0~169.9	<51.6	51.6~58.2	58.3~66.0	66.1~68.6	≥68.7
170.0~170.9	<52.1	52.1~58.7	58.8~66.5	66.6~69.1	≥69.2
171.0~171.9	<52.5	52.5~59.2	59.3~67.2	67.3~69.8	≥69.9
172.0~172.9	<53.0	53.0~59.8	59.9~67.8	67.9~70.4	≥70.5
173.0~173.9	<53.5	53.5~60.3	60.4~68.4	68.5~71.1	≥71.2
174.0~174.9	<53.8	53.8~61.0	61.1~69.3	69.4~72.0	≥72.1
175.0~175.9	<54.5	54.5~61.5	61.6~69.9	70.0~72.7	≥72.8
176.0~176.9	<55.3	55.3~62.2	62.3~70.9	71.0~73.8	≥73.9
177.0~177.9	<55.8	55.8~62.7	62.8~71.6	71.7~74.5	≥74.6
178.0~178.9	<56.2	56.2~63.3	63.4~72.3	72.4~75.3	≥75.4
179.0~179.9	<56.7	56.7~63.8	63.9~72.8	72.9~75.8	≥75.9
180.0~180.9	<57.1	57.1~64.3	64.4~73.5	73.6~76.5	≥76.6
181.0~181.9	<57.7	57.7~64.9	65.0~74.2	74.3~77.3	≥77.4
182.0~182.9	<58.2	58.2~65.6	65.7~74.9	75.0~77.8	≥77.9
183.0~183.9	<58.8	58.8~66.2	66.3~75.7	75.8~78.8	≥78.9
184.0~184.9	<59.3	59.3~66.8	66.9~76.3	76.4~79.4	≥79.5
185.0~185.9	<59.9	59.9~67.4	67.5~77.0	77.1~80.2	≥80.3
186.0~186.9	<60.4	60.4~68.1	68.2~77.8	77.9~81.1	≥81.2
187.0~187.9	<60.9	60.9~68.7	68.8~78.6	78.7~81.9	≥82.0
188.0~188.9	<61.4	61.4~69.2	69.3~79.3	79.4~82.6	≥82.7
189.0~189.9	<61.8	61.8~69.8	69.9~79.9	80.0~83.2	≥83.3
190.0~190.9	<62.4	62.4~70.4	70.5~80.5	80.6~83.6	≥83.7

注:身高低于表中所列出的最低身高段的下限值时,身高每低1厘米,实测体重需加上0.5千克,实测身高需加上1厘米,再查表确定分值。身高高于表中所列出的最高身高段时,身高每高1厘米,其实测体重需减去0.9千克,实测身高需减去1厘米,再查表确定分值。

附表2　大学一年级至四年级女生身高标准体重(体重单位:千克)

身高段(厘米)	营养不良	较低体重	正常体重	超重	肥胖
	50分	60分	100分	60分	50分
140.0~140.9	<36.5	36.5~42.4	42.5~50.6	50.7~53.3	≥53.4
141.0~141.9	<36.6	36.6~42.9	43.0~51.3	51.4~54.1	≥54.2
142.0~142.9	<36.8	36.8~43.2	43.3~51.9	52.0~54.7	≥54.8
143.0~143.9	<37.0	37.0~43.5	43.6~52.3	52.4~55.2	≥55.3
144.0~144.9	<37.2	37.2~43.7	43.8~52.7	52.8~55.6	≥55.7
145.0~145.9	<37.5	37.5~44.0	44.1~53.1	53.2~56.1	≥56.2
146.0~146.9	<37.9	37.9~44.4	44.5~53.7	53.8~56.7	≥56.8
147.0~147.9	<38.5	38.5~45.0	45.1~54.3	54.4~57.3	≥57.4
148.0~148.9	<39.1	39.1~45.7	45.8~55.0	55.1~58.0	≥58.1
149.0~149.9	<39.5	39.5~46.2	46.3~55.6	55.7~58.7	≥58.8
150.0~150.9	<39.9	39.9~46.6	46.7~56.2	56.3~59.3	≥59.4
151.0~151.9	<40.3	40.3~47.1	47.2~56.7	56.8~59.8	≥59.9
152.0~152.9	<40.8	40.8~47.6	47.7~57.4	57.5~60.5	≥60.6
153.0~153.9	<41.4	41.4~48.2	48.3~57.9	58.0~61.1	≥61.2
154.0~154.9	<41.9	41.9~48.8	48.9~58.6	58.7~61.9	≥62.0
155.0~155.9	<42.3	42.3~49.1	49.2~59.1	59.2~62.4	≥62.5
156.0~156.9	<42.9	42.9~49.7	49.8~59.7	59.8~63.0	≥63.1
157.0~157.9	<43.5	43.5~50.3	50.4~60.4	60.5~63.6	≥63.7
158.0~158.9	<44.0	44.0~50.8	50.9~61.2	61.3~64.5	≥64.6
159.0~159.9	<44.5	44.5~51.4	51.5~61.7	61.8~65.1	≥65.2
160.0~160.9	<45.0	45.0~52.1	52.2~62.3	62.4~65.6	≥65.7
161.0~161.9	<45.4	45.4~52.5	52.6~62.8	62.9~66.2	≥66.3
162.0~162.9	<45.9	45.9~53.1	53.2~63.4	63.5~66.8	≥66.9
163.0~163.9	<46.4	46.4~53.6	53.7~63.9	64.0~67.3	≥67.4
164.0~164.9	<46.8	46.8~54.2	54.3~64.5	64.6~67.9	≥68.0
165.0~165.9	<47.4	47.4~54.8	54.9~65.0	65.1~68.3	≥68.4

续表

身高段(厘米)	营养不良	较低体重	正常体重	超重	肥胖
	50 分	60 分	100 分	60 分	50 分
166.0～166.9	<48.0	48.0～55.4	55.5～65.5	65.6～68.9	≥69.0
167.0～167.9	<48.5	48.5～56.0	56.1～66.2	66.3～69.5	≥69.6
168.0～168.9	<49.0	49.0～56.4	56.5～66.7	66.8～70.1	≥70.2
169.0～169.9	<49.4	49.4～56.8	56.9～67.3	67.4～70.7	≥70.8
170.0～170.9	<49.9	49.9～57.3	57.4～67.9	68.0～71.4	≥71.5
171.0～171.9	<50.2	50.2～57.8	57.9～68.5	68.6～72.1	≥72.2
172.0～172.9	<50.7	50.7～58.4	58.5～69.1	69.2～72.7	≥72.8
173.0～173.9	<51.0	51.0～58.8	58.9～69.6	69.7～73.1	≥73.2
174.0～174.9	<51.3	51.3～59.3	59.4～70.2	70.3～73.6	≥73.7
175.0～175.9	<51.9	51.9～59.9	60.0～70.8	70.9～74.4	≥74.5
176.0～176.9	<52.4	52.4～60.4	60.5～71.5	71.6～75.1	≥75.2
177.0～177.9	<52.8	52.8～61.0	61.1～72.1	72.2～75.7	≥75.8
178.0～178.9	<53.2	53.2～61.5	61.6～72.6	72.7～76.2	≥76.3
179.0～179.9	<53.6	53.6～62.0	62.1～73.2	73.3～76.7	≥76.8
180.0～180.9	<54.1	54.1～62.5	62.6～73.7	73.8～77.0	≥77.1
181.0～181.9	<54.5	54.5～63.1	63.2～74.3	74.4～77.8	≥77.9
182.0～182.9	<55.1	55.1～63.8	63.9～75.0	75.1～79.4	≥79.5
183.0～183.9	<55.6	55.6～64.5	64.6～75.7	75.8～80.4	≥80.5
184.0～184.9	<56.1	56.1～65.3	65.4～76.6	76.7～81.2	≥81.3
185.0～185.9	<56.8	56.8～66.1	66.2～77.5	77.6～82.4	≥82.5
186.0～186.9	<57.3	57.3～66.9	67.0～78.6	78.7～83.3	≥83.4

注：身高低于表中所列出的最低身高段的下限值时，身高每低1厘米，实测体重需加上0.5千克，实测身高需加上1厘米，再查表确定分值。身高高于表中所列出的最高身高段时，身高每高1厘米，其实测体重需减去0.9千克，实测身高需减去1厘米，再查表确定分值。

附表3 大学男生评分标准

等级	单项得分	肺活量体重指数	1000米/(分·秒)	台阶试验	50米跑/秒	立定跳远/米	掷实心球/米	握力体重指数	引体向上/次	坐位体前屈/厘米	跳绳/(次/1分钟)	篮球运球/秒	足球运球/秒	排球垫球/次
优秀	100	84	3′27″	82	6.0	2.66	15.7	92	26	23.0	198	8.6	6.3	50
	98	83	3′28″	80	6.1	2.65	15.2	91	25	22.6	193	9.0	6.5	49
	96	82	3′31″	77	6.2	2.63	14.4	90	24	22.0	186	9.6	6.9	46
	94	81	3′33″	74	6.3	2.62	13.6	89	23	21.4	178	10.3	7.3	44
	92	80	3′35″	71	6.4	2.60	12.5	87	22	20.6	168	11.1	7.7	41
	90	78	3′39″	67	6.5	2.58	11.5	86	21	19.8	158	12.0	8.2	38
良好	87	77	3′42″	65	6.6	2.56	11.3	84	20	18.9	152	12.4	8.5	37
	84	75	3′45″	63	6.8	2.52	10.9	81	19	17.5	144	12.9	8.9	34
	81	73	3′49″	60	7.0	2.48	10.5	79	18	16.2	136	13.5	9.3	32
	78	71	3′53″	57	7.3	2.43	10.0	75	17	14.3	124	14.3	9.9	29
	75	68	3′58″	53	7.5	2.38	9.5	72	16	12.5	113	15.0	10.4	26
及格	72	66	4′05″	52	7.6	2.35	9.3	70	15	11.3	108	15.6	10.7	25
	69	64	4′12″	51	7.7	2.31	8.9	66	14	9.5	101	16.6	11.2	23
	66	61	4′19″	50	7.8	2.26	8.5	63	13	7.8	94	17.5	11.7	21
	63	58	4′26″	48	8.0	2.20	8.0	59	12	5.4	85	18.8	12.3	18
	60	55	4′33″	46	8.1	2.14	7.5	54	11	3.0	75	20.0	12.9	15
不及格	50	54	4′40″	45	8.2	2.12	7.3	53	9	2.4	71	20.6	13.3	14
	40	52	4′47″	44	8.3	2.09	7.0	51	8	1.4	64	21.6	13.8	12
	30	51	4′54″	43	8.5	2.06	6.7	49	7	0.8	58	22.5	14.3	10
	20	49	5′01″	42	8.6	2.03	6.2	47	6	−0.8	49	23.8	15.0	8
	10	47	5′08″	40	8.8	1.99	5.8	44	5	−2.0	40	25.0	15.7	5

附表4 大学女生评分标准

等级	单项得分	肺活量体重指数	800米/(分·秒)	台阶试验	50米跑/秒	立定跳远/米	掷实心球/米	握力体重指数	仰卧起坐/(次/分钟)	坐位体前屈/厘米	跳绳/(次/1分钟)	篮球运球/秒	足球运球/秒	排球垫球/次
优秀	100	70	3′24″	78	7.2	2.07	8.6	74	52	21.1	190	11.2	7.3	46
	98	69	3′27″	75	7.3	2.06	8.5	73	51	20.8	184	11.5	7.8	44
	96	68	3′29″	72	7.4	2.05	8.4	72	50	20.3	175	12.0	8.6	41
	94	67	3′32″	69	7.5	2.03	8.2	71	49	19.8	166	12.6	9.4	38
	92	65	3′35″	64	7.7	2.01	8.0	69	47	19.2	154	13.3	10.5	34
	90	64	3′38″	60	7.8	1.99	7.8	67	45	18.6	142	14.0	11.5	30
良好	87	63	3′42″	59	7.9	1.97	7.7	66	44	17.7	137	14.6	11.9	29
	84	61	3′46″	57	8.0	1.93	7.6	63	43	16.3	130	15.6	12.5	27
	81	59	3′50″	55	8.2	1.89	7.5	61	42	15.0	122	16.5	13.2	25
	78	57	3′54″	52	8.3	1.84	7.4	58	40	13.1	112	17.8	14.0	23
	75	54	3′58″	49	8.5	1.79	7.2	55	38	11.3	102	19.0	14.9	20
及格	72	53	4′03″	48	8.6	1.76	7.1	53	37	10.1	98	19.8	15.6	19
	69	51	4′08″	47	8.7	1.72	7.0	50	35	8.3	92	20.9	16.7	17
	66	49	4′13″	46	8.8	1.69	6.8	48	33	6.5	86	22.0	17.8	15
	63	46	4′18″	44	8.9	1.63	6.6	44	31	4.1	78	23.5	19.3	13
	60	43	4′23″	42	9.0	1.58	6.4	40	28	1.7	70	25.0	20.8	10
不及格	50	42	4′30″	41	9.1	1.56	6.2	39	27	1.5	66	25.8	21.2	9
	40	41	4′37″	40	9.3	1.53	6.0	38	26	1.3	59	26.9	21.9	8
	30	39	4′44″	39	9.5	1.50	5.7	36	25	1.0	53	28.0	22.5	7
	20	37	4′51″	38	9.8	1.46	5.4	34	23	0.6	44	29.5	23.4	6
	10	35	5′00″	36	10.0	1.42	5.0	32	21	0.2	35	31.0	24.3	4

注:附表1至附表4引自教育部.《国家学生体质健康标准》.2007

附录二 《心理健康症状自评量表(SCL-90)》

《症状自评量表(SCL-90)》(附表5)是世界上最著名的心理健康测试量表之一,是当前使用最为广泛的精神障碍和心理疾病门诊检查量表,能有效诊断学生的心理健康状况,确定学生心理健康问题或障碍的症状及特点,能为学校开展心理健康教育、推行心理辅导与咨询工作提供依据,进而为促进学生的全面发展和提高教育质量服务。

(1)测试构成。本测验共90个自我评定项目。测验的9个因子分别为:躯体化、强迫症状、人际关系敏感、抑郁、焦虑、敌对、恐怖、偏执及精神病。

附表5 SCL-90测试的九个因子

因子	项目	得分=项目总分/项目数
躯体化	1、4、12、27、40、42、48、49、52、53、56、58	
强迫症状	3、9、10、28、38、45、46、51、55、65	
人际关系敏感	6、21、34、36、37、41、61、69、73	
抑郁	5、14、15、20、22、26、29、30、31、32、54、71、79	
焦虑	2、17、23、33、39、57、72、78、80、86	
敌对	11、24、63、67、74、81	
恐怖	13、25、47、50、70、75、82	
偏执	8、18、43、68、76、83	
精神病	7、16、35、62、77、84、85、87、88、90	
睡眠及饮食	19、44、59、60、64、66、89	

(2)评定方法。分为5级评分(从0~4级),0=从无,1=轻度,2=中度,3=相当重,4=严重。

(3)得分解释。得分解释见附录二。

(4)正常人SCL-90因子分常模(附表6)

附表6 正常人SCL-90因子分常模表

因子	X+SD	因子	X+SD
躯体化	1.37+0.48	敌对性	1.46+0.55
强迫	1.62+0.58	恐怖	1.23+0.41
人际关系	1.65+0.61	偏执	1.43+0.57
抑郁	1.5+0.59	精神病性	1.29+0.42
焦虑	1.39+0.43		

正常成人SCL-90的因子分常模,如果因子分超过常模即为异常。

指导语:以下列出了有些人可能会有的问题,请您仔细阅读每一条,然后根据最近一星期内下列问题是否存在,它们影响你或使你感到苦恼的实际感觉,在每题后相应的数字上划"√",请不要漏题(附表7)。

附表7　症状自评量表(SCL-90)

编号	症状	从无	轻度	中度	偏重	严重
1	头痛					
2	神经过敏,心中不踏实					
3	头脑中有不必要的想法或字句盘旋					
4	头昏或昏倒					
5	对异性的兴趣减退					
6	对旁人责备求全					
7	感到别人能控制您的思想					
8	责怪别人制造麻烦					
9	忘性大					
10	担心自己的衣饰不整齐及仪态的不端正					
11	容易烦恼和激动					
12	胸痛					
13	害怕空旷的场所或街道					
14	感到自己的精力下降,活动减慢					
15	想结束自己的生命					
16	听到旁人听不到的声音					
17	发抖					
18	感到大多数人都不可信任					
19	胃口不好					
20	容易哭泣					
21	同异性相处时感到害羞不自在					
22	感到受骗,中了圈套或有人想抓住您					
23	无缘无故地突然感到害怕					

续表

编号	症状	从无	轻度	中度	偏重	严重
24	自己不能控制地大发脾气					
25	怕单独出门					
26	经常责怪自己					
27	腰痛					
28	感到难以完成任务					
29	感到孤独					
30	感到苦闷					
31	过分担忧					
32	对事物不感兴趣					
33	感到害怕					
34	您的感情容易受到伤害					
35	旁人能知道您的私下想法					
36	感到别人不理解您、不同情您					
37	感到人们对您不友好,不喜欢您					
38	做事必须做得很慢以保证做得正确					
39	心跳得很厉害					
40	恶心或胃部不舒服					
41	感到比不上他人					
42	肌肉酸痛					
43	感到有人在监视您,谈论您					
44	难以入睡					
45	做事必须反复检查					
46	难以做出决定					
47	怕乘电车、公共汽车、地铁或火车					
48	呼吸有困难					
49	一阵阵发冷或发热					

续表

编号	症状	从无	轻度	中度	偏重	严重
50	因为感到害怕而避开某些东西、场合或活动					
51	脑子变空了					
52	身体发麻或刺痛					
53	喉咙有梗塞感					
54	感到前途没有希望					
55	不能集中注意力					
56	感到身体的某一部分软弱无力					
57	感到紧张或容易紧张					
58	感到手或脚发重					
59	想到死亡的事					
60	吃得太多					
61	当别人看着您或议论您时感到不自在					
62	有一些不属于您自己的想法					
63	有想打人或伤害他人的冲动					
64	醒得太早					
65	必须反复洗手、点数					
66	睡得不稳不深					
67	有想摔坏或破坏东西的想法					
68	有一些别人没有的想法					
69	感到对别人神经过敏					
70	在商店或电影院等人多的地方感到不自在					
71	感到任何事情都很困难					
72	一阵阵恐惧或惊恐					
73	感到在公共场所吃东西很不舒服					
74	经常与人争论					

续表

编号	症状	从无	轻度	中度	偏重	严重
75	单独一人时神经很紧张					
76	别人对您的成绩没有恰当的评价					
77	即使和别人在一起也感到孤单					
78	感到坐立不安,心神不定					
79	感到自己没有什么价值					
80	感到熟悉的东西变得陌生或不像是真的					
81	大叫或摔东西					
82	害怕会在公共场所昏倒					
83	感到别人想占您的便宜					
84	为一些有关性的想法而很苦恼					
85	您认为应该因为自己的过错而受到惩罚					
86	感到要很快把事情做完					
87	感到自己身体有严重问题					
88	从未感到和其他人很亲近					
89	感到自己有罪					
90	感到自己的脑子有毛病					

《症状自评量表(SCL-90)》得分解释:

1. 总症状指数

指总的来看,被试的自我症状评价介于"从无"到"严重"的哪一个水平。总症状指数的分数在0~0.5,表明被试自我感觉没有量表中所列的症状;在0.5~1.5,表明被试感觉有点症状,但发生得并不频繁;在1.5~2.5,表明被试感觉有症状,其严重程度为轻度到中度;在2.5~3.5,表明被试感觉有症状,其程度为中到严重;在3.5~4表明被试感觉有,且症状的频度和强度都十分严重。

2. 阳性项目数

指被评为 1~4 分的项目数分别是多少,它表示被试在多少项目中感到"有症状"。

3. 阴性项目数

指被评为 0 分的项目数,它表示被试"无症状"的项目有多少。

4. 阳性症状均分

指个体自我感觉不佳的项目的程度究竟处于哪个水平。其意义与总症状指数的相同。

5. 因子分

SCL-90 包括 9 个因子,每一个因子反映出个体某方面的症状情况,通过因子分可了解症状分布特点。当个体在某一因子的得分大于 2 时,即超出正常均分,则个体在该方面就很有可能有心理健康方面的问题。

(1) 躯体化。主要反映身体不适感,包括心血管、胃肠道、呼吸和其他系统的不适;头痛、背痛、肌肉酸痛,以及焦虑等躯体不适表现。该分量表的得分在 0~48 分。得分在 24 分以上,表明个体在身体上有较明显的不适感,并常伴有头痛、肌肉酸痛等症状。得分在 12 分以下,躯体症状表现不明显。总的说来,得分越高,躯体的不适感越强;得分越低,症状体验越不明显。

(2) 强迫症状。主要指那些明知没有必要,但又无法摆脱的无意义的思想、冲动和行为,还有一些比较一般的认知障碍的行为征象也在这一因子中反映。该分量表的得分在 0~40 分。得分在 20 分以上,强迫症状较明显。得分在 10 分以下,强迫症状不明显。总的说来,得分越高,表明个体越无法摆脱一些无意义的行为、思想和冲动,并可能表现出一些认知障碍的行为征兆。得分越低,表明个体在此种症状上表现越不明显,没有出现强迫行为。

(3) 人际关系敏感。主要是指在某些人际交往中有些不自在与自卑感,特别是与其他人相比较时更加突出。在人际交往中的自卑感,心神不安,明显的不自在,以及在人际交往中的不良自我暗示,消极的期待等是这方面症状的典型原因。该分量表的得分在 0~36 分。得分在 18 分以上,表明个体对人际关系较为敏感,在人际交往中自卑感较强,并伴有行为症状(如坐立不安,退缩等)。得分在 9 分以下,表明个体在人际关系上较为正常。总的说来,得分越高,个体在人际交往中表现的问题就越多,自卑、自我中心越突出,并且已表现出消极的期待。得分越低,个体在人际关系上越能应付自如,人际交流自信、胸有成竹,并抱有积极的期待。

(4) 抑郁。指苦闷的情感与以心境为代表的症状,还以生活兴趣的减退、缺乏动力,丧失活力等为特征。还表现出失望、悲观以及与抑郁相联系的认知和躯体方面的感受,另外,还包括有关死亡的思想和自杀观念。该分量表的得分在0~52分。得分在26分以上,表明个体的抑郁程度较强,生活缺乏足够的兴趣,缺乏运动活力,在极端情况下,可能会有想死亡的思想和自杀的观念。得分在13分以下,表明个体抑郁程度较弱,生活态度乐观积极,充满活力,心境愉快。总的说来,得分越高,抑郁程度越明显;得分越低,抑郁程度越不明显。

(5)焦虑。一般指那些烦躁,坐立不安,神经过敏,紧张以及由此产生的躯体征象,如震颤等。该分量表的得分在0~40分。得分在20分以上,表明个体较易焦虑,易表现出烦躁、不安静和神经过敏,极端时可能导致惊恐发作。得分在10分以下,表明个体不易焦虑,易表现出安定的状态。总的说来,得分越高,焦虑表现越明显;得分越低,越不会导致焦虑。

(6)敌对。主要从3方面来反映敌对的表现:思想、感情及行为。其项目包括厌烦的感觉,摔物,争论直到不可控制的脾气暴发等各方面。该分量表的得分在0~24分。得分在12分以上,表明个体易表现出敌对的思想、情感和行为。得分在6分以下表明个体容易表现出友好的思想、情感和行为。总的说来,得分越高,个体越容易敌对,好争论,脾气难以控制;得分越低,个体的脾气越温和,待人友好,不喜欢争论,无破坏行为。

(7)恐怖。恐惧的对象包括出门旅行,空旷场地,人群或公共场所和交通工具。此外,还有社交恐怖。该分量表的得分在0~28分。得分在14分以上,表明个体恐怖症状较为明显,常表现出对社交、广场和人群的恐惧,得分在7分以下,表明个体的恐怖症状不明显。总的说来,得分越高,个体越容易对一些场所和物体发生恐惧,并伴有明显的躯体症状;得分越低,个体越不易产生恐怖心理,越能正常地参与交往和活动。

(8)偏执。主要指投射性思维,敌对、猜疑、妄想、被动体验和夸大等。该分量表的得分在0~24分。得分在12分以上,表明个体的偏执症状明显,较易猜疑和敌对,得分在6分以下,表明个体的偏执症状不明显。总的说来,得分越高,个体越易偏执,表现出投射性的思维和妄想,得分越低,个体思维越不易走极端。

(9)精神病性。反映各式各样的急性症状和行为,即限定不严的精神病性过程的症状表现。该分量表的得分在0~40分。得分在20分以上,表明个体的精神病性症状较为明显,得分在10分以下,表明个体的精神病性症状不明显。总的说来,得分越高,越多地表现出精神病性症状和行为;得分越低,就越少表现出这些症状和行为。

(10)其他项目。作为附加项目或其他,作为第10个因子来处理,以便使各因子分之和等于总分。

附录三 《大学生社会适应测试量表》

《大学生社会适应测试量表》见附表8至附表9。

附表8 大学生社会适应测试量表

编号	症状	是	无法肯定	不是
1	最怕转学或转班级,每到一个新环境,我总要经过很长一段时间才能适应			
2	每到一个新的地方,我很容易同别人接近			
3	在陌生人面前,我常无话可说,以至感到尴尬			
4	我最喜欢学习新知识或进行创造性的活动,它给我一种新鲜感,能调动我的积极性			
5	每到一个新地方,我第一天总是睡不好,就是在家里,只要换一张床,有时也会失眠			
6	不管生活条件有多大变化,我也能很快习惯			
7	越是人多的地方,我越感到紧张			
8	在正式比赛或考试时,我的成绩多半不会比平时练习差			
9	我最怕在众人面前发言,尤其是当导师们面前时,心紧张得都快跳出来了			
10	即使有的同学对我有看法,我仍能同他(她)交往			
11	能很好地处理与周围同学的关系			
12	和同学、家人相处,我很少固执己见,乐于采纳别人的看法			
13	同别人争论时,我常常感到语塞,事后才想起该怎样反驳对方,可惜已经太迟了			
14	我对生活条件要求不高,即使生活条件很艰苦,我也能过得很愉快			
15	有时自己明明把要论述的东西记得非常清楚,但一到在众人面前发言时,还是会出差错			
16	在决定胜负的关键时刻,我虽然很紧张,但总能很快地使自己镇定下来			
17	我不喜欢的东西,不管怎么学也学不会			

续表

编号	症状	是	无法肯定	不是
18	在嘈杂混乱的环境里,我仍然能集中精力学习,并且效率较高			
19	我不喜欢陌生人来家里做客,每逢这种情况,我就有意回避			
20	我很喜欢参加社交活动,我感到这是交朋友的好机会			

附表9　大学生社会适应测试量表得分评价

得分/分	得分评价
35~40	社会适应能力很强,能很快地适应新的学习、生活环境,与人交往轻松、大方,给人的印象极好,无论进入什么样的环境,都能应付自如,左右逢源
9~34	社会适应能力良好
17~28	社会适应能力一般,当进入一个新环境,经过一段时间的努力,基本上能适应
6~16	社会适应能力较差,依赖于较好的学习、生活环境,一旦遇到困难则易怨天尤人,甚至消沉
5以下	社会适应能力很差,在各种新环境中,即使经过一段相当长时间的努力,也不一定能够适应,常常感到有些困惑,甚至与周围事物格格不入,因而十分苦恼。在与他人的交往中,总是显得拘谨,羞怯,手足无措

主要参考文献

[1] 王国勇,等.健身、健美操指导手册[M].上海:上海财经大学出版社,2001.

[2] 范晓清.大众健美操与舞蹈健身[M].北京:人民军医出版社,2005.

[3] 魏纯镭,赵元祥.普通高校体育选项课教材 健美操[M].北京:北京体育大学出版社,2004.

[4] 步德寿,梅雪雄.21世纪高师学校体育改革与发展[M].厦门:厦门大学出版社,2006.

[5] 宛祝平,佟远堂.结构式体育与健康教程[M].长春:吉林科学技术出版社,2003.

[6] 王洪.健美操教程[M].北京:人民体育出版社,2000.

[7] 肖光来.健美操[M].北京:人民体育出版社,2003.

[8] 编委会.健美操[M].北京:高等教育出版社,2005.

[9] 廖建媚,黄彩华.我国健身健美操科学研究的现状与走向[J].安徽体育科技,2004(6).

[10] 金曼.浅谈我国健美操产业的发展[J].山西师大体育学院学报研究生论文专刊,2006(6)21:23-25.

[11] 张桂玲.试论我国健身健美操运动的发展趋势[J].鸡西大学学报,2005,5(6):27-28.

[12] 王国勇,等.健身、健美操指导手册[M].上海:上海财经大学出版社,2001.

[13] 张燕,赵丹.大学体育系列教材形体健美[M].合肥:合肥工业大学出版社,2004.

[14] 吕高飞,韩光胜.大学体育健康基础理论与实践教程[M].北京:北京交通大学出版社,北京:清华大学出版社,2004.

[15] 许爱梅.韵律活动[M].广州:广东高等教育出版社,2006.

[16] 编委会.健美操[M].北京:高等教育出版社,2005.

[17] 孟宪军.大众流行健身项目理论与实践[M]北京:高等教育出版社,2003.

[18] 张先松.健身健美运动[M].北京:高等教育出版社,2005.

[19] 黄宽柔,姜桂萍.舞蹈与健美操[M].北京:高等教育出版社,2001.

[20] 朱常斌,袁世珍.现代大学体育[M].北京:北京体育大学出版社,2002.

[21] 金其荣.体育与健康实践教程[M].上海:华东理工大学出版社,2003.

[22] 钟振新.大学体育理论与实践教程[M].长沙:国防科技大学出版社,2002.

[23] 刘大海,等.体育与健康实践教程编委会编.体育与健康实践教程[M].北京:北京体育大学出版社,2002.

[24] 单亚萍.健美操教学与训练[M].杭州:浙江大学出版社,2003.

[25] 张燕,赵丹.大学体育系列教材形体健美[M].合肥:合肥工业大学出版社,2004.

[26] 赵永魁,杨华.健美操[M].北京:北京体育大学出版社,2005.

[27] 任恩忠.大学体育教程[M].北京:北京体育大学出版社,2005.

[28] 殷志栋,耿世刚.大学体育与健康[M].大连:大连理工大学出版社,2006.

[29] 赵栩博,崔海燕.健美操套路教与学[M].北京:北京体育大学出版社,2006.

[30] 游春栋.体育与健康[M].北京:清华大学出版社,2006.

[31] 周务农.体育与健康实践教程[M].北京:北京交通大学出版社,2007.

[32] 关晨涛,郑东明,段庆忠.实用健美操教程[M].哈尔滨:哈尔滨地图出版社,2005.

[33] 肖光来.健美操[M].北京:人民体育出版社,2003.

[34] 编委会.健美操[M].北京:高等教育出版社,2005.

[35] 王梅珍.大学体育[M].郑州:河南人民出版社,2005.

[36] 黄宽柔,姜桂萍.健美操 体育舞蹈[M].北京:高等教育出版社,2006.

[37] 冯晓辉.健美操教程[M].沈阳:辽宁大学出版社,2006.

[38] 赵栩博,崔海燕.健美操套路教与学[M].北京:北京体育大学出版社,2006.

[39] 杨斌,等.健身美体设计[M].长沙:湖南人民出版社,2008.

[40] 包瑞江,陈洪年,王夫权.大学生体育与健康[M].北京:中国传媒大学出版社,2008.

[41] 金其荣.体育与健康实践教程[M].北京:北京大学出版社,2007.

[42] 殷志栋,耿世刚.大学体育与健康[M].大连:大连理工大学出版社,2006.

[43] 林建棣.军队院校军事共同课程通用系列教材 军事体育[M].北京:解放军出版社,2004.

[44] 林立.大学体育与健康[M].福州:福建科学技术出版社,2006.

[45] 吕继光.传统保健养生文化导论[M].呼和浩特:内蒙古教育出版社,2004.

[46] 范京广.经络瑜伽1周锻炼法[M].北京:北京体育大学出版社,2003.

[47] 李扬.李扬瑜伽 健康之美 自然之美 平衡之美[M].上海:浦东电子出版社,2003.

[48] 马鸿韬.拉拉操运动[M].北京:高等教育出版社,2009.

[49] 宋扬.劲爆搏击操[M].北京:农村读物出版社,2004.

[50] 孙春梅.瘦身·健康[M].北京:人民卫生出版社,2006.

[51] 冯晓辉.健美操教程[M].沈阳:辽宁大学出版社,2006.

[52] 魏纯镭,等.时尚健身[M].北京:北京体育大学出版社,2005.

[53] 郭宏,李红.体育锻炼与欣赏 健美操[M].郑州:郑州大学出版社,2006.

[54] 肖光来.健美操[M].北京:人民体育出版社,2004.

[55] 武玉.大学生体育健康教程[M].哈尔滨:黑龙江人民出版社,2006.

[56] 金晓阳,王毅.健身与流行健美操教程[M].沈阳:东北大学出版社,2006.

[57] 金晓阳,张孟红.实用健美操教程[M].沈阳:东北大学出版社,2007.

[58] 马洪韬.健美操运动教程[M].北京:北京体育大学出版社,2007.

[59] 刘星星.试论竞技健美操的形式美[J].南京:南京体育学院学报,2008 22(1):118-120.

[60] 兰健,王大川,张建环.体育教学中健美操运动美的外在表现[J].教育与管理,200722(1):119-120.

[61] 李孟军.简论健美操动作美感的三要素[J].四川文理学院学报,2009

(3).

[62] 杨加玲.健美操的教育功能与艺术欣赏[J].南京体育学院学报,200115(1):43-45.

[63] 刁在箴,郑婕.健美操[M].北京:高等教育出版社,2005.

[64] 王良民.体育与健康 下[M].北京:科学出版社,2005.

[65] 唐文玲,赵秋爽.形体与健身教程[M].厦门:厦门大学出版社,2007.

[66] 季克异,孙麒麟.高职高专体育[M].北京:高等教育出版社,2007.

[67] 刘琦.大学体育与健康教程[M].北京:中国农业出版社,2006.

郑重声明

高等教育出版社依法对本书享有专有出版权。任何未经许可的复制、销售行为均违反《中华人民共和国著作权法》，其行为人将承担相应的民事责任和行政责任；构成犯罪的，将被依法追究刑事责任。为了维护市场秩序，保护读者的合法权益，避免读者误用盗版书造成不良后果，我社将配合行政执法部门和司法机关对违法犯罪的单位和个人进行严厉打击。社会各界人士如发现上述侵权行为，希望及时举报，我社将奖励举报有功人员。

反盗版举报电话　（010）58581999　58582371
反盗版举报邮箱　dd@hep.com.cn
通信地址　北京市西城区德外大街4号
　　　　　高等教育出版社法律事务部
邮政编码　100120